AF402278

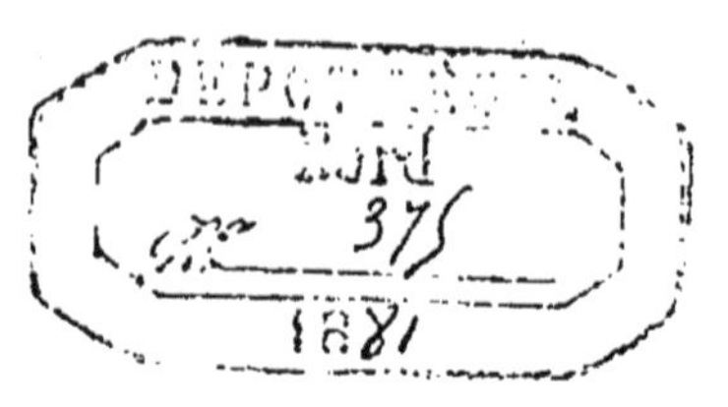

APERÇU

DES LOIS CIVILES

CONCERNANT

L'EXERCICE DU CULTE CATHOLIQUE

EN FRANCE

APERÇU

DES LOIS CIVILES

CONCERNANT

L'EXERCICE DU CULTE CATHOLIQUE

EN FRANCE

PAR FERDINAND DEGROOTE

DOCTEUR EN DROIT

LIBRAIRIE DE J. LEFORT

IMPRIMEUR, ÉDITEUR

LILLE | PARIS
rue Charles de Muyssart, 24 | rue des Saints-Pères, 30

PRÉFACE

Ce livre n'est point une œuvre de discussion et de combat; c'est un exposé froid et concis, un aperçu simple et rapide des lois qui concernent le culte et la religion. Toute considération dogmatique en est bannie, toute allusion étrangère au droit séculier ou civil en est écartée. J'indique seulement des ordonnances, des décrets et des lois, je produis des décisions de jurisprudence, je resserre dans quelques chapitres les documents épars et nombreux d'une législation devenue plus que jamais intéressante. Négligée dans les écoles, plus connue des ecclésiastiques que des laïques, elle attire l'attention générale, depuis que la politique s'en prend à la religion. Les décrets du 29 mars, les mesures budgétaires des dernières sessions parlementaires, certains programmes montrent clairement que la base d'opération de cette politique nouvelle est la législation sur le culte dont on demande aujourd'hui la modification et dont on voudra plus tard l'abrogation. On s'attend à voir le législateur céder à l'entraînement et les rapports de l'Eglise avec l'Etat devenir de plus en plus difficiles. La composition même des administrations justifie ces craintes. Or, devant les difficultés prochaines, les conflits imminents, les embarras de toute sorte qui pourront être suscités à ceux que l'exercice du culte regarde et intéresse, il ne saurait que convenir à chacun d'avoir sous la main le texte des lois et l'état du droit marqué par la jurisprudence. Et comme ces documents éparpillés dans des recueils généraux et propres aux jurisconsultes se dérobent facilement aux recherches, qu'ils s'y trouvent confondus avec des lois abrogées, ou ensevelis dans des détails historiques et des dissertations surannées, j'ai cru que le présent travail plus court, plus précis, plus élémentaire, répondant au besoin général d'érudition, ne manquerait pas d'utilité.

RAPPORTS

DE L'ÉGLISE AVEC L'ÉTAT

Le 11 juin 1817, il fut conclu entre le Saint-Siège et la cour de France une convention diplomatique dont les termes méritent d'être remarqués. C'est le meilleur commentaire et l'accessoire obligé des lois qui règlent actuellement les rapports de l'Eglise avec l'Etat.

« Au nom de la très sainte et indivisible Trinité, Sa Sainteté le Souverain-Pontife Pie VII et Sa Majesté très chrétienne, animés du plus vif désir que les maux qui, depuis tant d'années, affligent l'Eglise cessent entièrement en France, et que la religion retrouve dans ce royaume son ancien éclat, puisqu'enfin le retour du petit-fils de saint Louis sur le trône de ses aïeux permet que le régime ecclésiastique y soit plus convenablement réglé, ont, à ces fins, résolu de faire une convention solennelle, se réservant de pourvoir ensuite plus amplement et d'un commun accord aux intérêts de la religion catholique. En conséquence, leurs plénipotentiaires sont convenus des articles suivants : Article 1er. Le concordat passé entre le Souverain-Pontife Léon X et le roi de France François Ier est rétabli. — Article 2. En conséquence de l'article précédent, le concordat du 15 juillet 1801 cesse d'avoir son effet. — Article 3. Les articles dits organiques qui furent faits à l'insu de Sa Sainteté et publiés sans son aveu, le 8 avril 1802, en même temps que ledit concordat du 15 juillet 1801, sont abrogés en ce qu'ils ont de contraire à la doctrine et aux lois de l'Eglise. — Article 4. Les sièges qui furent supprimés dans le royaume de France par la bulle de Sa Sainteté, du 29 novembre 1801, seront rétablis en tel nombre qu'il sera convenu, d'un commun accord, comme étant le plus avantageux pour le bien de la religion. — Article 5. Toutes les églises archiépiscopales et épiscopales du royaume de France érigées par la bulle du 29 novembre 1801 sont conservées, ainsi que leurs titulaires actuels. — Article 6. La disposition de l'article précédent, relatif à la conservation desdits titulaires actuels dans les archevêchés et évêchés qui existent actuellement en France, ne pourra empêcher des exceptions particulières fondées sur des causes graves et légitimes, ni que quelques-uns desdits titulaires actuels ne puissent être transférés à d'autres sièges. — Article 7. Les diocèses, tant des sièges actuellement existants que de ceux qui seront de nouveau érigés ; après avoir demandé le consentement des titulaires actuels et des chapitres des sièges vacants, seront circonscrits de la manière la plus adaptée à leur meilleure administration. — Article 8. Il sera assuré à tous les sièges, tant existants qu'à ériger de nouveau, une dotation convenable en biens-fonds et en rentes sur l'Etat, aussitôt que les circonstances le permettront, et en attendant, il sera donné à leurs pasteurs un revenu suffisant pour améliorer leur sort; il sera pourvu également à la dotation des chapitres , des cures et des séminaires, tant existants que ceux à établir. — Article 9. Sa Sainteté et Sa Majesté très chrétienne connaissent tous les maux qui affligent l'Eglise de France ; elles savent également combien la prompte augmentation du nombre des sièges qui existent maintenant sera utile à la religion ; en conséquence, pour ne pas retarder un avantage aussi éminent, Sa Sainteté publiera une bulle pour procéder sans retard à l'érection de la nouvelle circonscription des diocèses. — Article 10. Sa Majesté très chrétienne, voulant donner un témoignage de son zèle pour la religion, emploiera, de concert avec le Saint-Père , tous les moyens qui sont en son pouvoir pour faire cesser le plus tôt possible les désordres et les obstacles qui s'opposent au bien de la religion et à l'exécution des lois de l'Eglise. — Article 11. Les territoires des anciennes abbayes dites *nullius* seront unis aux diocèses dans les limites desquels ils se trouveront enclavés, à la nouvelle circonscription. — Article 12. Le rétablissement du concordat qui a été suivi en France jusqu'en 1789 (stipulé par l'article 1er de la présente convention) n'entraînera pas celui des abbayes, prieurés et autres bénéfices qui existaient à cette époque; toutefois, ceux qui pourraient être fondés à l'avenir seront sujets aux règlements prescrits par ledit concordat. — Article 13. Les ratifications de la présente convention seront échangés dans un mois, ou plus tôt si faire se peut. — Article 14. Dès que lesdites ratifications auront été échangées, Sa Sainteté confirmera par une bulle la présente convention, et elle publiera aussitôt après une seconde bulle pour fixer la circonscription des diocèses. — En foi de quoi les plénipotentiaires respectifs ont signé la présente convention et y ont apposé le cachet de leurs armes. »

Ainsi le concordat du 11 juin 1817 abrogeait celui de 1801, et en partie les articles organiques faits à l'insu du Saint-Siège et publiés sans son aveu. En outre, il rétablissait plusieurs sièges épiscopaux et métropolitains antérieurement supprimés. Or, cet acte, pour avoir force de loi, devait être sanctionné par les pouvoirs législatifs, et, à cet effet, un projet de loi fut présenté aux Chambres par le gouvernement royal. Mais les circonstances et l'opposition arrêtèrent les ministres qui renoncèrent ensuite à soutenir le projet. Le concordat de 1817 est donc resté sans autorité, et le concordat de 1801, maintenu par le fait, continue à régler les rapports de l'Eglise avec l'Etat. Voici, tels qu'ils furent rédigés, les dix-sept articles dont il se compose :

Le gouvernement de la République française reconnaît que la religion catholique, apostolique et romaine est la religion de la plus grande majorité des citoyens français. Sa Sainteté reconnaît également que cette même religion a retiré et attend encore en ce moment le plus grand bien et le plus grand éclat de l'établissement du culte catholique en France et de la profession particulière qu'en font les conseils de la République. En conséquence, et d'après cette reconnaissance mutuelle, tant pour le bien de la religion que pour le maintien de la tranquillité intérieure, ils sont convenus de ce qui suit : — Article 1. La religion catholique, apostolique et romaine sera librement exercée en France ; son culte sera public, en se conformant aux règlements de police que le gouvernement jugera nécessaire pour la tranquillité publique. — Article 2. Il sera fait par le Saint-Siège, de concert avec le gouvernement, une nouvelle circonscription des diocèses français. — Article 3. Sa Sainteté déclarera aux titulaires des évêchés français qu'elle attend d'eux avec une ferme confiance, pour le bien de la paix et de l'unité, toute espèce de sacrifices, même celui de leurs sièges. D'après cette exhortation, s'ils se refusaient à ce sacrifice commandé par le bien de l'Eglise (refus néanmoins auquel Sa Sainteté ne s'attend pas), il sera pourvu par de nouveaux titulaires au gouvernement des évêchés de la circonscription nouvelle de la manière suivante. — Article 4. Le premier Consul nommera, dans les trois mois qui suivront la publication de la bulle de Sa Sainteté, aux archevêchés et évêchés de la circonscription nouvelle. Sa Sainteté conférera l'institution canonique suivant les formes établies par rapport à la France avant le changement du gouvernement. — Article 5. Les nominations aux évêchés qui vaqueront par la suite seront faites par le premier Consul, et l'institution sera donnée par le Saint-Siège, en conformité de l'article précédent. — Article 6. Les évêques, avant d'entrer en fonctions, prêteront directement, entre les mains du premier Consul, le serment de fidélité qui était en usage avant le changement de gouvernement exprimé dans les termes suivants : «Je jure et promets à Dieu, sur les » saints Évangiles, de garder obéissance et fidélité au » gouvernement établi par la Constitution. Je promets » aussi de n'avoir aucune intelligence, de n'assister à » aucun conseil, de n'entretenir aucune ligue, soit au » dedans, soit au dehors, qui soit contraire à la tran- » quillité publique ; et si, dans mon diocèse ou ailleurs, » j'apprends qu'il se trame quelque chose au préjudice de » l'Etat, je le ferai savoir au gouvernement. » — Article 7. Les ecclésiastiques du second ordre prêteront le même serment entre les mains des autorités civiles désignées par le gouvernement. — Article 8. La for- mule de prière suivante sera récitée à la fin de l'office divin dans toutes les églises catholiques de France : *Domine, salvam fac rempublicam*; *Domine, salvos fac consules.* — Article 9. Les évêques feront une nouvelle circonscription des paroisses dans leurs diocèses, qui n'aura d'effet que d'après le consentement du gouver- nement. — Article 10. Les évêques nommeront aux cures ; leur choix ne pourra tomber que sur des personnes agréées par le gouvernement. — Article 11. Les évêques pourront avoir un chapitre dans leur cathédrale, et un séminaire pour leur diocèse, sans que le gouver- nement s'oblige à les doter. — Article 12. Toutes les églises métropolitaines, cathédrales, paroissiales et non aliénées, nécessaires au culte, seront remises à la dis- position des évêques. — Article 13. Sa Sainteté, pour le bien de la paix et l'heureux rétablissement de la religion catholique, déclare que ni Elle ni ses successeurs ne troubleront en aucune manière les acquéreurs des biens ecclésiastiques aliénés, et qu'en conséquence, la propriété de ces mêmes biens, les droits et revenus qui y sont attachés, demeureront incommutables entre leurs mains ou celles de leurs ayants-cause. — Article 14. Le gouvernement assurera un traitement convenable aux évêques et aux curés dont les diocèses seront compris dans la circonscription nouvelle. — Article 15. Le gouvernement prendra également des mesures pour que les catholiques français puissent, s'ils le veulent, faire en faveur des églises des fondations. — Article 16. Sa Sainteté reconnaît dans le premier Consul de la République française les mêmes droits et prérogatives dont jouissait auprès d'Elle l'ancien gouvernement. — Article 17. Il est convenu entre les parties contractantes que, dans le cas où quelqu'un des successeurs du premier Consul actuel ne serait pas catholique, les droits et prérogatives mentionnés dans l'article ci-dessus, et la nomination aux évêchés, seront réglés, par rapport à lui, par une nouvelle convention.

Le concordat de 1801 assurait donc le libre exercice de la religion catholique, et sans la reconnaître pour la religion de l'Etat, il affirmait, par faveur et par déférence, qu'elle était celle de la grande majorité des Français. Ses dispositions avaient un double caractère, l'un ancien, l'autre nouveau, empruntés au concordat de 1516 et à l'état des choses que la Révolution avait créé. Elles s'appelaient, dans la langue révolutionnaire, la convention du 26 messidor an IX, et jointes aux soixante-dix-sept paragraphes des articles organiques, elles formaient la loi relative à l'organisation du culte du 18 germinal an X. Ce nom leur est resté, du vote législatif émis à cette date sur l'exposé des motifs présenté par Portalis. Rapporter ici les articles organiques à la suite du concordat, c'est montrer, dans toute son étendue, la base fondamentale de notre législation religieuse.

TITRE I. — *Du régime de l'Eglise catholique dans ses rapports généraux avec les droits et la police de l'Etat.* — Article 1. Aucune bulle, bref, rescrit, décret, mandat, provision, signature servant de provision, ni autres expéditions de la cour de Rome, même ne concernant que les particuliers, ne pourront être reçus, publiés, imprimés ni autrement mis à exécution, sans l'autorisation du gouvernement. — Article 2. Aucun individu se disant nonce, légat, vicaire ou commissionnaire apostolique, ou se prévalant de toute autre dénomination, ne pourra, sans la même autorisation, exercer sur le sol français ni ailleurs aucune fonction relative aux affaires de l'Eglise gallicane. — Article 3. Les décrets de synodes étrangers, même ceux des conciles généraux, ne pourront être publiés en France avant que le gouvernement en ait examiné la forme, leur conformité avec les lois, droits et franchises de la République française et tout ce qui, dans leur publication, pourrait altérer ou intéresser la tranquillité publique. — Article 4. Aucun concile national ou métropolitain, aucun synode diocésain, aucune assemblée délibérante n'aura lieu sans la permission expresse du gouvernement. — Article 5. Toutes les fonctions ecclésiastiques seront gratuites, sauf les oblations qui seraient autorisées et fixées par les règlements. — Article 6. Il y aura recours au conseil d'État dans tous les cas d'abus de la part des supérieurs et autres personnes ecclésiastiques. Les cas d'abus sont l'usurpation ou l'excès de pouvoir, la contravention aux lois et règlements de la République, l'infraction des règles consacrées par les canons reçus en France, l'attentat aux libertés, franchises et coutumes de l'Église gallicane, et toute entreprise ou tout procédé qui, dans l'exercice du culte, peut compromettre l'honneur des citoyens, troubler arbitrairement leur conscience, dégénérer contre eux en oppression ou en injure, ou en scandale public. — Article 7. Il y aura pareillement recours au conseil d'État, s'il est porté atteinte à l'exercice public du culte, et à la liberté que les lois et règlements garantissent à ses ministres. — Article 8. Le recours compétera à toute personne intéressée. A défaut de plainte particulière, il sera exercé d'office par les préfets. Le fonctionnaire public, ecclésiastique, ou la personne qui voudra exercer ce recours, adressera un mémoire détaillé et signé au conseiller d'État chargé de toutes les affaires concernant les cultes, lequel sera tenu de prendre, dans le plus court délai, tous les renseignements convenables, et, sur son rapport, l'affaire sera suivie et définitivement terminée par la forme administrative, ou renvoyée, selon l'exigence des cas, aux autorités compétentes.

TITRE II. — *Des ministres.* — Article 9. Le culte catholique sera exercé sous la direction des archevêques et évêques dans leurs diocèses, et sous celle des curés dans leurs paroisses. — Article 10. Tout privilège portant exemption ou attribution de la juridiction épiscopale est aboli. — Article 11. Les archevêques et évêques pourront, avec l'autorisation du gouvernement, établir dans leurs diocèses des chapitres cathédraux et des séminaires. Tous autres établissements ecclésiastiques sont supprimés. — Article 12. Il sera libre aux archevêques et évêque d'ajouter à leur nom le titre de *citoyen* ou celui de *monsieur*. Toutes autres qualifications sont interdites. — Article 13. Les archevêques consacreront et installeront leurs suffragants. En cas d'empêchement ou de refus de leur part, ils seront suppléés par le plus ancien évêque de l'arrondissement métropolitain. — Article 14. Ils veilleront au maintien de la foi et de la discipline dans les diocèses dépendant de leur métropole. — Article 15. Ils connaîtront des réclamations et des plaintes portées contre la conduite et les décisions des évêques suffragants. — Article 16. On ne pourra être nommé évêque avant l'âge de trente ans, et si l'on n'est originaire Français. — Article 17. Avant l'expédition de l'arrêté de nomination, celui ou ceux qui seront proposés seront tenus de rapporter une attestation de bonne vie et mœurs, expédiée par l'évêque dans le diocèse duquel ils auront exercé les fonctions du ministère ecclésiastique, et ils seront examinés sur la doctrine par un évêque et deux prêtres qui seront commis par le premier Consul, lesquels adresseront le résultat de leur examen au conseiller d'Etat chargé de toutes les affaires concernant les cultes. — Article 18. Le prêtre nommé par le premier Consul fera les diligences pour rapporter l'institution du Pape. — Il ne pourra exercer aucune fonction avant que la bulle portant son institution ait reçu l'attache du gouvernement, et qu'il ait prêté en personne le serment prescrit par la convention passée entre le gouvernement français et le Saint-Siège. Le serment sera prêté au premier Consul; il en sera dressé procès-verbal par le secrétaire d'Etat. — Article 19. Les évêques nommeront et institueront les curés; néanmoins, ils ne manifesteront leur nomination, et ils ne donneront l'institution canonique qu'après que cette nomination aura été agréée par le premier Consul. — Article 20. Ils seront tenus de résider dans leurs diocèses; ils ne pourront en sortir qu'avec la permission du premier Consul. — Article 21. Chaque évêque pourra nommer deux vicaires généraux, et chaque archevêque pourra en nommer trois; ils les choisiront parmi les membres ayant les qualités requises pour être évêques. — Article 22. Ils visiteront annuellement et en personne une partie de leur diocèse, et, dans l'espace de cinq ans, le diocèse entier. En cas d'empêchement légitime, la visite sera faite par un vicaire général. — Article 23. Les évêques seront chargés de l'organisation de leurs séminaires, et les règlements de cette organisation seront soumis à l'approbation du premier Consul. — Article 24. Ceux qui seront choisis pour l'enseignement dans les séminaires souscriront la déclaration faite par le clergé de France en 1682, et publiée par un édit de la même année : ils se soumettront à y enseigner la doctrine qui y est contenue, et les évêques adresseront une expédition en forme de cette soumission au conseiller d'Etat chargé de toutes les affaires concernant les cultes. — Article 25. Les évêques enverront toutes les années, à ce conseiller d'Etat, le nom des personnes qui étudieront dans les séminaires et qui se destineront à l'état ecclésiastique. — Article 26. Ils ne pourront ordonner aucun ecclésiastique, s'il ne justifie d'une propriété produisant au moins un revenu annuel de trois cents francs, s'il n'a atteint l'âge de vingt-cinq ans, et s'il ne réunit les qualités requises par les canons reçus en France. Les évêques ne feront aucune ordination avant que le nombre des personnes à ordonner ait été soumis au gouvernement et par lui agréé. — Article 27. Les curés ne pourront entrer en fonctions qu'après avoir prêté, entre les mains du préfet, le serment prescrit par la convention passée entre le gouvernement et le Saint-Siège. Il sera dressé procès-verbal de cette protestation par le secrétaire général de la préfecture, et copie collationnée leur en sera délivrée. — Article 28. Ils seront mis en possession par le curé ou le prêtre que l'évêque désignera. — Article 29. Ils seront tenus de résider dans leurs paroisses. — Article 30. Les curés seront immédiatement soumis aux évêques dans l'exercice de leurs fonctions. — Article 31. Les vicaires et desservants exerceront leur ministère sous la surveillance et la direction des curés. Ils seront approuvés par l'évêque et révocables par lui. — Article 32. Aucun étranger ne pourra être employé dans les fonctions du ministère ecclésiastique sans la permission du gouvernement. — Article 33. Toute fonction est interdite à tout ecclésiastique, même français, qui n'appartient à aucun diocèse. — Article 34. Un prêtre ne pourra quitter son diocèse pour aller desservir dans un autre, sans la permission de son évêque. — Article 35. Les archevêques et évêques qui voudront user de la faculté qui leur est donnée d'établir des chapitres, ne pourront le faire sans avoir apporté l'autorisation du gouvernement, tant pour l'établissement lui-même que pour le nombre et le choix des ecclésiastiques destinés à les former. — Article 36. Pendant la vacance des sièges, il sera pourvu par le métropolitain, et, à son défaut, par le plus ancien des évêques suffragants, au gouvernement des diocèses. Les vicaires généraux de ces diocèses continueront leurs fonctions, même après la mort de l'évêque, jusqu'à son remplacement. — Article 37. Les métropolitains, les chapitres cathédraux, seront tenus, sans délai, de donner avis au gouvernement, de la vacance des sièges et des mesures qui auront été prises pour le gouvernement des diocèses vacants. — Article 38. Les vicaires généraux qui gouverneront pendant la vacance, ainsi que les métropolitains ou capitulaires, ne se permettront aucune innovation dans les usages et coutumes des diocèses.

Titre III. — *Du culte*. — Article 39. Il n'y aura qu'une

liturgie et un catéchisme pour les églises catholiques de France. — Article 40. Aucun curé ne pourra ordonner des prières publiques extraordinaires dans sa paroisse sans la permission spéciale de l'évêque. — Article 41. Aucune fête, à l'exception du dimanche, ne pourra être établie sans la permission du gouvernement. — Article 42. Les ecclésiastiques useront, dans les cérémonies religieuses, des habits et ornements convenables à leur titre ; ils ne pourront, dans aucun cas ni sous aucun prétexte, prendre la couleur et les marques distinctives réservées aux évêques. — Article 43. Tous les ecclésiastiques seront habillés à la française et en noir. Les évêques pourront joindre à ce costume la croix pastorale et les bas violets. — Article 44. Les chapelles domestiques, les oratoires particuliers, ne pourront être établis sans une permission expresse du gouvernement, accordée sur la demande de l'évêque. — Article 45. Aucune cérémonie religieuse n'aura lieu hors des édifices consacrés au culte catholique, dans les villes où il y a des temples destinés à différents cultes. — Article 46. Le même temple ne pourra être consacré qu'à un même culte. — Article 47. Il y aura, dans les cathédrales et paroisses, une place distinguée pour les individus catholiques qui remplissent les autorités civiles et militaires. — Article 48. L'évêque se concertera avec le préfet pour régler la manière d'appeler les fidèles au service divin par le son des cloches. On ne pourra les sonner pour autre cause sans la permission de la police locale. — Article 49. Lorsque le gouvernement ordonnera des prières publiques, les évêques se concerteront avec le préfet et le commandant militaire du lieu, pour le jour, l'heure et le mode d'exécution de ces ordonnances. — Article 50. Les prédications solennelles, et celles connues sous le nom de stations de l'Avent et du Carême, ne seront faites que par des prêtres qui en auront obtenu une autorisation spéciale de l'évêque. — Article 51. Les curés, au prône des messes paroissiales, prieront et feront prier pour la prospérité de la République française et pour les consuls. — Article 52. Ils ne se permettront, dans leurs instructions, aucune inculpation directe ou indirecte, soit contre les personnes, soit contre les autres cultes autorisés par l'Etat. — Article 53. Ils ne feront au prône aucune publication étrangère à l'exercice du culte, si ce n'est celles qui seront ordonnées par le gouvernement. — Article 54. Ils ne donneront la bénédiction nuptiale qu'à ceux qui justifieront, en bonne et due forme, avoir contracté mariage devant l'officier civil. — Article 55. Les registres tenus par les ministres du culte, n'étant et ne pouvant être relatifs qu'à l'administration des sacrements, ne pourront, dans aucun cas, suppléer les registres ordonnés par la loi pour constater l'état-civil des Français. — Article 56. Dans tous les actes ecclésiastiques ou religieux, on sera obligé de se servir du calendrier d'équinoxe établi par les lois de la République ; on désignera les jours par les noms qu'ils avaient dans le calendrier des solstices. — Article 57. Le repos des fonctionnaires publics sera fixé au dimanche.

Titre IV. — *De la circonscription des archevêchés, des évêchés et des paroisses ; des édifices destinés au culte et du traitement des ministres.* — Article 58. Il y aura en France dix archevêchés ou métropoles et cinquante évêchés. — Article 59. La circonscription des métropoles et des diocèses sera faite conformément au tableau ci-joint. — Article 60. Il y aura au moins une paroisse dans chaque justice de paix. Il sera en outre établi autant de succursales que le besoin pourra l'exiger. — Article 61. Chaque évêque, de concert avec le préfet, réglera le nombre et l'étendue de ces succursales. Les plans arrêtés seront soumis au gouvernement et ne pourront être mis à exécution sans son autorisation. — Article 62. Aucune partie du territoire français ne pourra être érigée en cure ou en succursale sans l'autorisation expresse du gouvernement. — Article 63. Les prêtres desservant les succursales sont nommés par les évêques. — Article 64. Le traitement des archevêques sera de 15,000 francs. — Article 65. Le traitement des évêques sera de 10,000 francs. — Article 66. Les curés seront distribués en deux classes. Le traitement des curés de la première classe sera porté à 1,500 ; celui des curés de la deuxième, à 1,000 francs. — Article 67. Les pensions dont ils jouissent en exécution des lois de l'assemblée constituante seront précomptées sur leur traitement. Les conseils généraux des grandes communes pourront, sur leurs biens ruraux ou sur leurs octrois, leur accorder une augmentation de traitement si les circonstances l'exigent. — Article 68. Les vicaires et desservants seront choisis parmi les ecclésiastiques pensionnés en exécution des lois de l'assemblée constituante. Le nombre de ces pensions et le produit des oblations formeront leur traitement. — Article 69. Les évêques rédigeront les projets de règlement relatifs aux oblations que les ministres du culte sont autorisés à recevoir pour l'administration des sacrements. Les projets de règlements rédigés par les évêques ne pourront être publiés, ni autrement mis à exécution, qu'après avoir été approuvés par le gouvernement. — Article 70. Tout ecclésiastique pensionnaire de l'Etat sera privé de sa pension s'il refuse, sans cause légitime, les fonctions qui pourront lui être confiées. — Article 71. Les conseils généraux de départements sont autorisés à procurer aux archevêques et évêques un logement convenable. — Article 72. Les presbytères et les jardins attenants, non aliénés, seront rendus aux curés et aux desservants des succursales. A défaut de ces presbytères, les conseils généraux des communes sont autorisés à leur procurer un logement et un jardin. — Article 73. Les fondations qui ont pour objet l'entretien des ministres et l'exercice du culte ne pourront consister qu'en rentes constituées sur l'Etat; elles seront acceptées par l'évêque diocésain, et ne pourront être exécutées qu'avec l'autorisation du gouvernement. — Article 74. Les immeubles autres que les édifices destinés au logement et les jardins attenants ne pourront être affectés à des titres ecclésiastiques, ni possédés par les ministres du culte à raison de leurs fonctions. — Article 75. Les édifices anciennement destinés au culte catholique actuellement dans les mains de la nation, à raison d'un édifice par cure et par succursale, seront mis à la disposition des évêques par arrêté du préfet du département. Une expédition de ces arrêtés sera adressée au conseiller d'Etat chargé de toutes les affaires concernant les cultes. — Article 76. Il sera établi des fabriques pour veiller à l'entretien et à la conservation des temples, à l'administration des aumônes. — Article 77. Dans les paroisses où il n'y aura point d'édifice disponible pour le culte, l'évêque se concertera avec le préfet pour la désignation d'un édifice convenable.

On retrouvera la plupart de ces dispositions séparément dans les chapitres qui les concernent. Plusieurs d'entre elles sont tombées en désuétude et ont été abrogées par des lois postérieures. D'autres sont vivement critiquées, parce qu'elles ne se concilient pas avec l'indépendance de l'Eglise et le droit divin d'enseigner qui appartient aux évêques. Ce sont celles qui imposent l'autorisation gouvernementale à la publication des expéditions du Saint-Siège, aux actes de juridiction que le Pape pourrait exercer en France par l'intermédiaire de ses délégués, à la publication des décisions des conciles, aux réunions des synodes nationaux; celles qui mettent au nombre des cas d'abus les infractions aux libertés gallicanes dont la conséquence n'était pour l'Eglise de France qu'une extension préjudiciable du pouvoir civil ; celles qui portent une atteinte directe au dogme, en prescrivant l'enseignement de la déclaration hétérodoxe de 1682. Mais à ces exigences également contraires au droit public se traduisant par le libre exercice de la religion, telle qu'elle existe (art. 1 du concordat), la pratique a refusé quelquefois de se conformer. Un décret du 28 février 1810 a permis d'exécuter sans autorisation les brefs de la Pénitencerie pour le for intérieur ; l'usage a autorisé la libre publication des bulles, des encycliques, à l'exception des bulles d'institution canonique. Le nonce a toujours entretenu avec les évêques des rapports au moins officieux, et il est officiellement chargé des informations relatives à leur institution. On établit une distinction entre les décisions des conciles œcuméniques dont on reconnut l'infaillibilité dans la définition des vérités de la foi et la solution des controverses dogmatiques, à l'exclusion des prescriptions disciplinaires ou temporelles. Des conciles nationaux furent tenus sans autorisation (Agen 1859, Poitiers 1868). On n'appliqua point l'article 24 sur la déclaration de 1682, quoique développé et sanctionné par un décret du 25 février 1810. Les évêques, malgré l'article 39, purent exercer leur droit de régler la liturgie et de rédiger sans contrôle le catéchisme du diocèse. On reconnut même à cet égard leur droit de propriété littéraire, et un décret du 7 germinal an XIII encore en vigueur soumit à la permission des évêques diocésains, laquelle dut être imprimée en tête de chaque exemplaire, l'impression des livres d'église, des heures et prières (C. cass., 9 juin 1843, 5 juillet 1847, Toulouse, 2 juillet 1857). Les articles 26 et 36 furent abrogés par le décret précité du 28 février 1810 qui permit aux évêques d'ordonner tout ecclésiastique âgé de vingt-deux ans accomplis, après justification du consentement des parents, lequel fut rendu obligatoire jusqu'à l'âge de vingt-cinq ans. Il fut en même temps décidé que, pendant la vacance des sièges épiscopaux, il serait désormais pourvu, conformément aux lois canoniques, au gouvernement des diocèses, que les chapitres éliraient les vicaires généraux dont les noms seraient soumis ensuite par l'intermédiaire du ministre des cultes à la reconnaissance du chef de l'Etat. L'article 32 méconnaît le caractère cosmopolite de l'Eglise qui ne connaît pas d'étrangers. Les défenses portées contre les qualifications et les costumes anciens (décret du 17 nivôse an XII, Montpellier, 12 février 1851) ne survécurent pas au consulat et aux susceptibilités révolutionnaires. Il en fut de même de l'obligation d'user du calendrier républicain. L'article 52 méconnaît la mission divine de l'Eglise chargée d'enseigner la vérité et de réfuter l'erreur. Les prétentions de l'article 53 contraires à l'indépendance ecclésiastique ne furent pas longtemps soutenues.

Le serment imposé aux évêques et aux curés tomba bientôt en désuétude, loin d'attendre l'abolition portée contre les décrets des 1er mars 1848 et 5 septembre 1870, qui d'ailleurs visent les fonctionnaires publics parmi lesquels ne sauraient être rangés les membres du clergé. Les articles 73 et 74 furent abrogés implicitement par le décret du 6 novembre 1813 sur les biens curiaux. Enfin, la loi du 4 juillet 1821 permit d'augmenter le nombre des sièges épiscopaux et métropolitains, et c'est ainsi que de nouveaux sièges ont été créés jusqu'en ces derniers temps, même après la loi des finances du 26 juin 1837, qui, après avoir réduit le traitement des archevêques et des évêques au taux fixé par la loi de germinal, voulut cesser de rémunérer les nouveaux sièges devenus vacants.

RECOURS POUR ABUS ET PÉNALITÉS

J'examinerai brièvement les dispositions de la loi
de germinal concernant le droit contesté du recours
pour abus devant le conseil d'Etat. De même que le
pouvoir civil n'aurait dû faire que des règlements
de police dans le sens limité du concordat, la juridiction laïque ne devrait assurer que l'application
de ces règlements restreints. Pour le reste, l'autorité ecclésiastique seule serait compétente. Mais la
loi organique, articles 6, 7 et 8, s'appropriant un
ordre de choses ancien et vicieux, saisit le conseil
d'Etat d'une manière générale et souveraine. Sur
la délibération et d'après l'avis de ce tribunal, le
chef de l'Etat put statuer sans se soucier de la
juridiction ecclésiastique, et la pratique maintint
cette législation de défiance et d'immixtion qui convenait à l'esprit inquiet des anciens parlements,
mais contre laquelle a toujours protesté la saine
nation des principes : comme il n'est point admis-
sible que l'Eglise soit subalterne de l'Etat, ni que,
par conséquent, les questions de son exclusive

compétence ou les affaires jugées par elle puissent être portées devant des tribunaux séculiers.

Les articles précités indiquent six cas d'abus qui, par leur généralité, embrassent au gré de l'Etat tous les faits de nature à lui déplaire. Toutefois on doit reconnaître, à l'avantage de notre siècle, qu'il n'en a pas été fait une application aussi exorbitante que celle de l'appel pour abus à l'époque des parlements. Les fonctionnaires administratifs se sont montrés jusqu'ici plus modérés que les anciens magistrats du ministère public, auxquels ils ont succédé dans l'exercice du recours, et le conseil d'Etat, saisi, soit par eux, soit plus directement par les intéressés eux-mêmes, s'est refusé plus d'une fois à franchir les limites de la juridiction sacrée. Voici dans l'ordre des textes ces six cas d'abus :

1° L'*usurpation* ou l'invasion de l'autorité spirituelle dans le domaine du pouvoir temporel ou d'une autre autorité spirituelle ; l'*excès de pouvoir* ou le fait de l'autorité spirituelle qui, sans sortir de son domaine, dépasse la limite de son pouvoir. Il y aurait usurpation, dans le sens de la loi, si, par exemple, l'autorité ecclésiastique prononçait la nullité d'un mariage quant à ses effets civils, si un évêque manifestait la promotion d'un ecclésiastique à un poste inamovible avant qu'il fût agréé par le gouvernement; il y aurait excès de pouvoir si un prêtre faisait en chaire la publication de choses étrangères au culte, comme la liste de candidats municipaux ou politiques et la recommandation de telle ou telle candidature, ce qui pourrait entraîner, en outre, l'annulation des opérations électorales (cons. d'Et., 6 août et 20 décembre 1878).

2° La *contravention aux lois et règlements de l'Etat*. Rentreraient dans ce cas la célébration du mariage religieux sans justification préalable du mariage civil ; le fait d'inhumer ou de procéder à la levée du corps sans autorisation préalable de l'officier de l'état civil ; la censure du gouvernement ou des paroles qu'il regarderait comme offensantes (cons. d'Et., 8 février 1865).

3° L'*infraction des règles consacrées par les canons reçus en France*, et par ces mots on entend les canons de discipline qui ont été publiés dans le territoire français. Un exemple de ce cas d'abus serait la violation des règles relatives à l'inamovibilité des curés dont l'évêque exigerait, au moment de leur nomination, des démissions écrites qui en feraient de simples desservants révocables *ad nutum*. Une sentence de déposition portée contre un curé et déclarée abusive par le conseil d'Etat n'empêcherait pas cet ecclésiastique de jouir de son traitement ; mais, au point de vue spirituel, elle conserverait ses effets, et le curé déposé devrait suspendre son ministère. Il n'y a point, en effet, de recours civil contre l'interdiction *a sacris*, ni contre la défense de porter le costume ecclésiastique, ni contre toute autre peine spirituelle ; il n'y a que le recours à l'autorité métropolitaine et au Pape, lequel étant rejeté, le gouvernement déclare exécutoire l'ordonnance de déposition, et l'autorité judiciaire ordonne l'expulsion du presbytère à la demande de la commune ou de la fabrique (C. cass., 10 mai 1869).

4° L'*attentat aux libertés*, *franchises et coutumes de l'Eglise gallicane*. On désigne sous ce nom d'anciennes maximes de droit public ecclésiastique, publiées vers la fin du xvie siècle par un avocat au parlement du nom de Pierre Pithou et résumées dans les quatre articles de la Déclaration de 1682. Ainsi l'archevêque de Lyon, qui, en 1845, attaqua l'autorité de cette Déclaration, fut condamné par le conseil d'Etat. De même le gouvernement n'agrée les bulles d'institution canonique que sous la réserve qu'elles ne renferment rien de contraire aux *franchises, libertés et maximes de l'Eglise gallicane*. Mais ces termes, qui ont eu le don de plaire au législateur de l'an X et qui semblent favorables à l'Eglise de France, n'ont jamais eu, à vrai dire, de la liberté que le nom. Ils masquaient, au contraire, l'excessive étendue de la juridiction temporelle. *Le roi, dans la pratique, était plus chef de l'Eglise que le Pape, en France. Liberté à l'égard du Pape, servitude à l'égard du roi. Autorité du roi sur l'Eglise dévolue aux juges laïques. Les laïques dominaient les évêques. Abus énorme de l'appel comme d'abus. Abus de vouloir que des laïques examinassent les bulles sur la foi et jugeassent de tout sous prétexte de possessoire* (Fénelon, *Mémoires*, t. iii, pièces justificatives).

« La grande servitude de l'Eglise gallicane, disait à son tour Fleury, l'auteur gallican rétractant ses ouvrages, c'est l'étendue excessive de la juridiction temporelle. On pourrait faire un traité des servitudes de l'Eglise gallicane. Les appellations comme d'abus ont achevé de ruiner la juridiction ecclésiastique. » *Opuscules*, pages 89, 95, 97. Et Bossuet, rédacteur des quatre articles, mais modérateur plutôt que promoteur d'une assemblée composée de courtisans choisis de la main même d'un ministre de Louis XIV, Bossuet, revenant sur son opinion (1), a parlé plusieurs fois aussi des servitudes de l'Eglise gallicane, et, quant aux *libertés*, il les avait expliquées *de la manière que les entendaient les évêques et non pas de la manière que les entendaient les magistrats.* Or ces libertés sur lesquelles les évêques et les parlements différaient d'opinion, ces maximes de Pierre Pithou, les prélats français les avaient condamnées, et ce n'était pas l'avis des magistrats que les législateurs de l'an X devaient suivre et faire prévaloir. Les quatre articles répugnaient au sens catholique du clergé. Accueillis par des protestations universelles, ils n'ont vécu que par la prévention laïque jusqu'au jour où l'Infaillibilité érigée en dogme les a fait disparaître avec la sanction de la loi.

(1) Les traces de ce retour sont indiquées par de Maistre, dans son *Eglise gallicane*, p. 313-325. Louis XIV également a rétracté l'édit du 2 mars 1662 dans une lettre autographe envoyée au Pape le 14 septembre 1693 et conservée aux archives du Vatican.

5° *Toute entreprise ou tout procédé qui, dans l'exercice du culte, peut compromettre l'honneur du citoyen, troubler arbitrairement leur conscience, dégénérer contre eux en oppression, ou en injure, ou en scandale public.* Cette définition étendue comprend notamment la diffamation en chaire, les refus de sépulture ou de sacrements accompagnés de faits constituant l'injure, l'oppression ou le scandale, circonstances laissées à l'examen du conseil d'Etat qui en apprécie le caractère pour déclarer l'abus ou renvoyer la cause devant l'autorité ecclésiastique.

6° Enfin, *l'atteinte à l'exercice public et à la liberté que les lois et règlements garantissent à ses ministres,* est un cas d'abus dirigé, par une sorte de compensation ou de réciprocité, contre les fonctionnaires publics qui abuseraient de leur autorité pour entraver le ministère ecclésiastique et envahir le domaine spirituel.

En vertu de ces règles, l'abus a été déclaré à l'occasion de paroles prononcées en chaire par un desservant et visant des autorités municipales (décret du 21 décembre 1879). Mais le fait par un ecclésiastique de lacérer une affiche placardée par ordre de l'autorité municipale sur les murs extérieurs de l'église où il exerce son ministère ne rentrant pas dans l'exercice du culte et ne pouvant constituer un des cas d'abus prévus par l'article 6 de la loi du 18 germinal an X, peut être poursuivi par le ministère public devant les tribunaux répressifs, sans que le conseil d'Etat ait été préalablement appelé à vérifier s'il y a abus (C. cass., 25 mars 1881).

Tels sont les cas d'abus énumérés par la loi organique. Quant aux conséquences de la déclaration d'abus, sauf la suppression de mémoires ou d'écrits, elle n'entraîne point de peines matérielles et n'est autre qu'une simple censure. Etrangère au contentieux administratif, elle émane de l'assemblée générale du conseil d'Etat délibérant sans frais, sans plaidoirie, sans publicité, sur le rapport de la section de législation chargée de l'instruction de l'affaire, un mémoire détaillé adressé au ministre des cultes par le fonctionnaire public, l'ecclésiastique ou la partie intéressée étant le premier acte de procédure. Mais un acte, un discours, un écrit peuvent constituer à la fois un abus et une infraction à la loi pénale, et alors le conseil d'Etat, ayant déclaré l'abus, renvoie aux tribunaux compétents.

Ici se place la question très controversée de savoir si l'autorité judiciaire peut être saisie tout d'abord de l'infraction. Quoique l'affirmative semble bien résulter du caractère propre de l'ecclésiastique qui, n'étant point fonctionnaire public, est étranger à la constitution de l'an VIII, abrogée d'ailleurs par un décret de 1870, la jurisprudence du conseil d'Etat exige l'autorisation préalable en vertu de l'article 8 de la loi organique, où il est dit que le conseil d'Etat *peut renvoyer devant les tribunaux*.

De son côté, la Cour de cassation distingue entre l'action publique et l'action civile, et n'exige d'autorisation que pour l'exercice de cette dernière (arrêt du 10 août 1861).

Lorsque des musiciens auront joué de leurs instruments au cours d'une procession, sur l'invitation du curé, mais en contravention à un arrêté qui défend de faire de la musique dans les rues sans la permission du maire, le tribunal de police ne peut, sans excès de pouvoir, condamner ou absoudre les prévenus avant la décision du conseil d'Etat, sur le point de savoir si l'arrêté est applicable aux processions (C. cass., 5 décembre 1878 ; cons. d'Et., 17 mars 1880). Le tribunal de Nevers a jugé qu'un tribunal sursoyant, à défaut d'autorisation, sur la poursuite en diffamation commise en chaire, doit surseoir également, à raison de la connexité, sur la demande reconventionnelle en paiement de dommages-intérêts formée par le curé (15 juin 1876). Mais si le fait délictueux ne renferme point l'abus, il n'est nullement douteux que la poursuite directe puisse avoir lieu (C. cass., 25 mars 1880).

Le recours pour abus est une sanction administrative ; à côté d'elle, il y a la sanction répressive des articles 201-208 du Code pénal visant les critiques, censures ou provocations dirigées contre l'autorité publique dans un discours ou dans un écrit pastoral et la correspondance des ministres du culte avec des cours ou puissances étrangères sur des matières de religion. Mais il faut réserver le cas où le gouvernement violerait les droits de l'Eglise, et affirmer le droit des évêques de correspondre librement avec le Saint-Siège.

Article 201. Les ministres des cultes qui prononceront, dans l'exercice de leur ministère, et en assemblée publique, un discours contenant la critique ou censure du gouvernement, d'une loi, d'une ordonnance royale ou de tout autre acte de l'autorité publique, seront punis d'un emprisonnement de trois mois à deux ans. — Article 202. Si le discours contient une provocation directe à la désobéissance aux lois ou autres actes de l'autorité publique, ou s'il tend à soulever ou armer une partie des citoyens contre les autres, le ministre du culte qui l'aura prononcé sera puni d'un emprisonnement de deux à cinq ans si la provocation n'a été suivie d'aucun effet, et du bannissement si elle a donné lieu à la désobéissance, autre toutefois que celle qui aurait dégénéré en sédition ou révolte. — Article 203. Lorsque la provocation aura été suivie d'une sédition ou révolte dont la nature donnera lieu contre l'un ou plusieurs des coupables à une peine plus forte que celle du bannissement, cette peine, quelle qu'elle soit, sera appliquée au ministre coupable de la provocation.

Article 204. Tout écrit contenant des instructions pastorales, en quelque forme que ce soit, et dans lequel un ministre du culte se sera ingéré de critiquer ou censurer soit le gouvernement, soit tout acte de l'autorité publique, emportera la peine du bannissement contre le ministre qui l'aura publié. — Article 205. Si l'écrit mentionné en l'article précédent contient une provocation directe à la désobéissance aux lois et autres actes de l'autorité publique, ou s'il tend à soulever ou armer une partie des citoyens contre les autres, le ministre qui l'aura publié sera puni de la détention. — Article 206. Lorsque la provocation contenue dans l'écrit pastoral aura été suivie d'une sédition ou révolte dont la nature donnera lieu contre l'un ou plusieurs des coupables à une peine plus forte que celle de la déportation, cette peine, quelle qu'elle soit, sera appliquée au ministre coupable de la provocation.

Article 207. Tout ministre d'un culte qui aura, sur des questions ou matières religieuses, entretenu une correspondance avec une cour ou puissance étrangère sans en avoir préalablement informé le ministre du roi chargé de la surveillance des cultes et sans avoir obtenu son autorisation, sera, pour ce seul fait, puni d'une amende de cent francs à cinq cents francs, et d'un emprisonnement d'un mois à deux ans. — Article 208. Si la correspondance mentionnée en l'article précédent a été accompagnée ou suivie d'autres faits contraires aux dispositions formelles d'une loi ou d'une ordonnance du roi, le coupable sera puni du bannissement, à moins que la peine résultant de la nature de ces faits ne soit plus forte, auquel cas cette peine plus forte sera seule appliquée.

IMMUNITÉS ECCLÉSIASTIQUES

Un grand organe de l'ancien droit, Pothier, énumère et justifie les avantages dont jouissaient autrefois les ecclésiastiques. Indépendamment de leur préséance sur les laïques dans les cérémonies religieuses, sur la noblesse et le tiers-état dans les assemblées politiques, ils avaient un privilège de juridiction, étaient dispensés du service militaire, du logement des gens de guerre, des charges de tutelle et de curatelle, et n'étaient point soumis à plusieurs taxes et impôts. C'est qu'il fallait que les ecclésiastiques eussent le temps de vaquer à leurs fonctions saintes, qu'ils pussent vivre, et comme le public les entretenait lui-même, *il était juste de ne pas leur prendre d'une main ce qu'on leur donnait de l'autre* (Pothier, *Traité des personnes et des choses*). Dans le droit actuel, les ecclésiastiques jouissent encore de certains avantages; ce sont :

L'exemption de la tutelle hors du département de leur résidence, consacrée par l'article 427 du Code civil et l'avis du conseil d'Etat du 20 novembre

1806 sur la dispense de tutelle en faveur des ecclésiastiques desservant les cures et succursales.

« Le conseil d'Etat est d'avis que la dispense accordée
par l'article 427 à tout citoyen exerçant une fonction
publique dans un département autre que celui où la tutelle
s'établit, est applicable, non seulement aux ecclésiastiques desservant des cures et des succursales, mais à
toutes personnes exerçant pour les cultes des fonctions
qui exigent résidence. »

La dispense du service militaire à titre conditionnel
établie par la loi du 27 juillet 1872 sur le recrutement de l'armée, article 20, § 7, aujourd'hui
menacée par le projet de loi voté par la Chambre des
députés (séance du 28 mai 1881), assujettissant
les séminaristes à une année de service, à l'instar
de ceux qui se préparent aux carrières libérales et
à l'enseignement, et astreignant au service ordinaire
les instituteurs congréganistes. Cependant la dispense du service militaire en faveur des ecclésiastiques exigée par le droit canonique a été consentie
dès l'origine du christianisme par tous les gouvernements. Il a toujours été reconnu que le métier des
armes était incompatible avec le caractère ecclésiastique, et la législation de l'Eglise a été rappelée
d'une manière remarquable par l'évêque d'Angers
à la tribune, et par l'archevêque de Paris dans ses
lettres des 23 janvier et 8 juin 1881. En attendant
la décision du Sénat, les articles suivants continuent
d'être appliqués :

Sont, à titre conditionnel, dispensés du service militaire les élèves ecclésiastiques désignés à cet effet par les archevêques et les évêques, et les jeunes gens autorisés à continuer leurs études pour se vouer au ministère des cultes salariés par l'Etat, sous la condition qu'ils seront assujettis au service militaire s'ils cessent les études en vue desquelles ils auront été dispensés, ou si, à vingt-six ans, les premiers ne sont pas entrés dans les ordres majeurs et les seconds n'ont pas reçu la consécration (art. 20, § 7) ; les membres et novices des associations religieuses vouées à l'enseignement et reconnues comme établissements d'utilité publique, ayant pris, avant le tirage au sort, devant le recteur de l'académie, l'engagement de se consacrer pendant dix ans à l'enseignement (art. 20, § 5).

La dispense du service du jury en matière criminelle écrite dans la loi du 21 novembre 1872 sur le jury, article 3.

La dispense de la résidence de six mois pour l'exercice du droit électoral applicable aux ecclésiastiques qui exercent leur ministère dans la commune, aux professeurs des séminaires et maisons d'éducation (C. cass., 19 août, 27 août, 11 novembre 1850 et 5 avril 1870, qui limite la dispense aux vicaires, desservants et curés). Il n'est pas douteux que les membres des communautés d'hommes et les élèves des séminaires aient le droit d'être inscrits non seulement sur les listes électorales ordinaires conformément à la loi du 15 mars 1849, mais encore sur la liste des électeurs municipaux de la commune qu'ils habitent depuis une année (loi du 14 avril 1871, art. 4 ; C. cass., 15 avril 1872). Il est certain également que les religieux sont éligibles et comme conseillers municipaux et comme maires.

Le traitement que le budget des cultes assure aux ecclésiastiques en compensation des biens du clergé dont la loi du 2 novembre 1789 avait disposé au profit de l'Etat (Concordat, art. 13 et 14).

Cardinaux, archevêques et évêques. . . 1,154,000
Vicaires généraux, chapitres et clergé paroissial. 40,206,243
Chapitre de Saint-Denis et chapelains de Sainte-Geneviève. 199,000
Bourses des séminaires catholiques. . . 1,032,200
Pensions ecclésiastiques et secours personnels. 897,000
Secours annuels à divers établissements religieux. 60,000
Service intérieur des édifices diocésains. 440,623
Entretien des édifices diocésains. . . 800,000
Travaux des édifices de l'Algérie. . . . 90,000
Acquisitions, constructions et grosses réparations des édifices diocésains. . . 2,000,000
Crédits spéciaux pour diverses cathédrales. 1,111,000
Secours pour les églises et presbytères. . 3,150,000
(*Exercice de* 1881.)

La protection dérivant de l'article 7 des articles organiques et la garantie résultant de peines spéciales qui répriment les entraves au libre exercice du culte et les violences commises contre ses ministres. Cette garantie est contenue dans les articles 260-264 du Code pénal.

Article 260. Tout particulier qui, par des voies de fait ou des menaces, aura contraint ou empêché une ou plusieurs personnes d'exercer l'un des cultes autorisés, d'assister à l'exercice de ce culte, de célébrer certaines fêtes, d'observer certains jours de repos, et, en conséquence, d'ouvrir ou de fermer leurs ateliers, boutiques ou magasins, et de faire ou quitter certains travaux, sera puni, pour ce seul fait, d'une amende de seize francs à deux cents francs, et d'un emprisonnement de six jours à deux mois. — Article 261. Ceux qui auront empêché, retardé ou interrompu les exercices d'un culte par des troubles ou désordres causés dans le temple ou autre lieu destiné ou servant actuellement à ces exercices (*par exemple, la rue où passerait une procession. Paris, 14 février* 1826 *et* 28 *août* 1846) (1), seront punis d'une amende de seize francs à trois cents francs, et d'un emprisonnement de six jours à trois mois. — Article 262. Toute personne qui aura, par paroles ou par gestes, outragé les objets d'un culte dans les lieux destinés ou servant actuellement à son exercice, ou les ministres de ce culte dans leurs fonctions, sera puni d'une amende de seize francs à cinq cents francs, et d'un emprisonnement de quinze jours à six mois. — Article 263. Quiconque aura frappé le ministre d'un culte dans ses fonctions, sera puni de la dégradation civique. — Article 264. Les dispositions du présent paragraphe ne s'appliquent qu'aux troubles, outrages ou voies de fait dont la nature ou les circonstances ne donneront pas lieu à de plus fortes peines, d'après les autres dispositions du Code. — *Adde* pour l'aggravation des peines l'article 6 de la loi du 25 mai 1822.

(1) Il a été jugé que l'article 261 s'applique même au cas où c'est par un tapage extérieur que le trouble a été produit dans l'intérieur de l'église (Metz, 21 décembre 1853). Pour l'appréciation du trouble, voir Toulouse, 19 novembre 1868.

La dérogation à l'article 1er du décret du 23 prairial an XII sur les sépultures, introduite par l'usage en faveur des archevêques et évêques qui peuvent être inhumés dans leurs cathédrales après décret rendu sur le rapport du ministre des cultes.

Le bénéfice de juridiction accordé par la loi du 20 avril 1810 aux archevêques et évêques qui, poursuivis correctionnellement, sont justiciables des cours d'appel. Une application de cette règle vient d'être faite à l'évêque de Valence qui fut traduit devant la cour de Paris et acquitté par elle (3 décembre 1880).

Article 10. Lorsque des archevêques, des évêques seront prévenus de délits de police correctionnelle, les cours royales en connaîtront de la manière prescrite par l'article 479 du Code d'instruction criminelle.

Le droit déjà mentionné des évêques concernant l'impression et la réimpression des livres d'église. Quant aux mandements et instructions pastorales, dispensés autrefois des formalités de la déclaration et du dépôt imposées aux imprimeurs par la loi du 31 octobre 1814, mais soumis à la nécessité de l'envoi au ministère des cultes, ils sont aujourd'hui affranchis de cette dernière formalité et assujettis à la première (circ. minis., 2 et 19 janvier 1861).

La préséance organisée par le décret du 24 messidor an XII, et qui, dans les cérémonies publiques, dans les enterrements (titre XXVI, art. 16, décret du 26 mars 1811, art. 2), donne rang aux cardinaux

avant les ministres et après les premiers dignitaires ;
aux archevêques après les présidents des cours
d'appel, avant les présidents des conseils généraux
et les préfets; aux évêques après les généraux de
brigade, avant les présidents des conseils d'arrondissements et les sous-préfets (titre i, art. 9). Le
même décret établit les suivantes marques distinctives :

TITRE XIX. — Article 1. Lorsque les archevêques et
evêques feront leur première entrée dans la ville de leur
résidence, la garnison, d'après les ordres du ministre de
la guerre, sera en bataille sur les places que l'evêque ou
l'archevêque devra traverser. Cinquante hommes de cavalerie iront au-devant d'eux jusqu'à un quart de lieue de la
place. Ils auront, le jour de leur arrivée, l'archevêque,
une garde de quarante hommes, commandée par un officier, et l'évêque, une garde de trente hommes, aussi
commandée par un officier; ces gardes seront placées
après leur arrivée. — Article 2. Il sera tiré cinq coups
de canon à leur arrivée et autant à la sortie. — Article 3.
Si l'évêque est cardinal, il sera salué de douze volées de
canon, et il aura, le jour de son entrée, une garde de
cinquante hommes avec un drapeau, commandée par un
capitaine, lieutenant et sous-lieutenant. — Article 4.
Les archevêques ou évêques auront habituellement une
sentinelle tirée du corps de garde le plus voisin. —
Article 5. Les sentinelles leur présenteront les armes.
— Article 6. Il leur sera fait des visites de corps. —
Article 7. Toutes les fois qu'ils passeront devant des
postes, gardes ou piquets, les troupes se mettront sous
les armes; les postes de cavalerie monteront à cheval;
les sentinelles présenteront les armes; les tambours et
trompettes rappelleront. — Article 8. Il ne sera rendu

des honneurs militaires aux cardinaux qui ne seront en France ni archevêques ni évêques, qu'en vertu d'un ordre spécial du ministre de la guerre, qui déterminera les honneurs à leur rendre. — Article 9. Il ne sera rendu des honneurs civils aux cardinaux qui ne seront en France ni archevêques ni évêques, qu'en vertu d'un ordre spécial, lequel déterminera pour chacun d'eux les honneurs qui devront leur être rendus. — Article 10. Les archevêques ou évêques qui seront cardinaux recevront, lors de leur installation, les honneurs rendus aux grands officiers de l'empire; ceux qui ne le seront point recevront ceux rendus aux sénateurs. Lorsqu'ils rentreront après une absence d'un an et un jour, ils seront visités chacun par les autorités inférieures, auxquelles ils rendront la visite dans les vingt-quatre heures suivantes; eux-mêmes visiteront les autorités supérieures dans les vingt-quatre heures de leur arrivée, et leur visite leur sera rendue dans les vingt-quatre heures suivantes.

La gratuité de la transmission aux ministres des dépêches télégraphiques des archevêques et évêques (arrêté minis. du 9 décembre 1859) et la franchise postale de leurs correspondances officielles, réglée par l'ordonnance du 14 décembre 1825, complétée par celle du 17 novembre 1844 sur la formule du contre-seing. Ce contre-seing, en cas d'absence de l'évêque, est donné par le vicaire général délégué avec lequel il correspond également en franchise (circ. minis., 10 février 1858). La même immunité existe dans les correspondances des évêques entre eux (circ. minis., 21 juillet 1841). Enfin une circulaire du 1er octobre de la même année permet aux évêques de transmettre aux desservants leurs mandements et circulaires par l'entremise des curés de canton qui, en les contresignant, leur assureront la circulation en franchise, sous bande, dans leurs cantons respectifs.

La faculté pour les archevêques et évêques de former et de diriger dans leurs diocèses des établissements secondaires ecclésiastiques en dehors des conditions exigées par la loi du 15 mars 1850, c'est-à-dire de la déclaration au recteur et des certificats de stage et de capacité. Les traités de concessions de bâtiments ou de subventions sont passés entre les communes, départements ou l'Etat et les évêques, non en leur dite qualité mais en leur nom personnel. Toutefois le directeur de l'établissement qu'ils nomment, demeure seul responsable vis-à-vis les autorités préposées à la surveillance de l'enseignement libre (décret du 23 mars 1851, art. 1).

Article 70. — Les écoles ecclésiastiques, actuellement existantes, sont maintenues sous la seule condition de rester soumises à la surveillance de l'Etat. Il ne pourra en être établi de nouvelles sans l'autorisation du gouvernement (loi du 15 mars 1850).

Le droit du clergé d'être représenté : 1° au conseil supérieur de l'instruction publique par un professeur titulaire des facultés de théologie, élu par l'ensemble des professeurs, des suppléants et des chargés de cours ; 2° dans les conseils académiques par les doyens des facultés de théologie (loi du 27 février 1880 relative au conseil supérieur de l'ins-

truction publique et aux conseils académiques, art.
1 et 9, 3°).

La faculté aujourd'hui restreinte qu'ont les ministres du culte de donner l'instruction religieuse dans les locaux scolaires, conformément à la loi nouvelle (juillet 1881) sur l'enseignement primaire obligatoire, qui abroge sur ce point la loi préférable du 15 mars 1850, et limite à certains jours ladite faculté, qu'elle subordonne en outre à l'autorisation du conseil départemental.

Article 2. Les écoles primaires publiques vaqueront un jour par semaine, en outre du dimanche, afin de permettre aux parents de faire donner, s'ils le désirent, à leurs enfants, l'instruction religieuse.

Sur la demande des parents, le conseil départemental pourra autoriser les ministres des différents cultes ou leurs délégués à donner l'instruction religieuse dans les locaux scolaires le dimanche, les autres jours de vacances et une fois par semaine à l'issue de la classe du soir.

Cette autorisation ne sera donnée par le conseil départemental que dans le cas où les enfants ne pourraient pas, sans inconvénients, être réunis dans les édifices religieux.

Elle pourra toujours être retirée par le conseil départemental (loi sur l'enseignement primaire obligatoire; juillet 1881).

Le droit des aumôniers ou des ministres du culte agréés par le Ministre de l'instruction publique, de donner l'instruction religieuse, conformément aux prescriptions de l'article 2 du décret du 22 janvier

1881, dans les écoles normales primaires d'instituteurs et d'institutrices. L'enseignement religieux
est également réservé aux ministres du culte dans
la plupart des établissements publics.

La dispense de l'obtention du diplôme, moyennant déclaration à l'inspecteur de l'académie, pour
les curés et desservants qui préparent quelques
jeunes gens (quatre au maximum) aux études des
petits séminaires (ordonnance du 27 février 1821,
art. 28 ; loi du 15 mars 1850, art. 66). Les lettres
d'obédience et équivalences admises par la loi du
15 mars 1850 ont été abolies par la loi du 16 juin
1881 (1).

(1) Voici la teneur de cette loi, dirigée principalement
contre les congrégations religieuses :

Article 1. Nul ne peut exercer les fonctions d'instituteur
ou d'institutrice titulaire, d'instituteur adjoint chargé d'une
classe ou d'institutrice adjointe chargée d'une classe, dans
une école publique ou libre, sans être pourvu du brevet de
capacité pour l'enseignement primaire. Toutes les équivalences admises par le paragraphe 2 de l'article 25 de la loi
du 15 mars 1850 sont abolies. — Article 2. Nulle ne peut
exercer les fonctions de directrice ou de sous-directrice de
salles d'asile publiques ou libres, sans être pourvue du
certificat d'aptitude à la direction des salles d'asile, institué
par l'article 20, paragraphe 1er, du décret du 21 mars 1855.
— Article 3. Les personnes occupant, sans les brevets et
certificats sus-énoncés, les fonctions énumérées aux articles
précédents, devront, dans le laps d'un an, à partir de la
promulgation de la loi, se présenter devant les commissions
d'examen instituées pour décerner lesdits brevets et certificats. Celles qui auront échoué auront le droit de se présenter de nouveau aux sessions ordinaires ou extraordinaires tenues dans le cours des années suivantes, jusqu'à
la rentrée des classes du mois d'octobre 1884. Toutefois les

Le droit des ministres du culte de faire partie des commissions des hospices et des bureaux de bienfaisance, mais seulement comme membres renouvelables depuis la loi du 5 août 1879 qui a abrogé la loi du 21 mai 1873, laquelle imposait aux commissions comme membres de droit les ministres des cultes reconnus (circ. minist., 26 septembre 1879).

L'insaisissabilité du traitement des ecclésiastiques, reconnue par l'arrêté du 18 nivôse an XI, et la défense faite aux agents du fisc de le retenir, si ce n'est pour cause d'absence volontaire reconnue par l'évêque. Le casuel est insaisissable comme le traitement dont il est un des éléments, quoiqu'il ne

adjoints qui auront contracté, conformément à l'article 20 de la loi du 27 juillet 1872, l'engagement de se vouer pendant dix ans à la carrière de l'enseignement, et qui viendraient à échouer aux examens ci-dessus, conserveront le bénéfice de la dispense, à titre conditionnel, du service militaire. — Article 4. Les prescriptions de la présente loi ne s'appliqueront pas : 1º aux directeurs d'écoles publiques ou libres qui, au 1er janvier 1881, exerçaient les fonctions de directeurs en vertu des équivalences établies par la loi du 15 mars 1850; 2º aux directrices d'écoles et de salles d'asile publiques ou libres qui, au 1er janvier 1881, comptaient trente-cinq ans d'âge, et cinq ans au moins de service en qualité de directrices; 3º aux adjoints ou adjointes d'écoles publiques ou libres, ainsi qu'aux sous-directrices de salles d'asile publiques ou libres qui, au 1er janvier 1881, comptaient trente-cinq ans d'âge et cinq ans au moins de services comme adjoints ou adjointes chargés d'une classe, ou comme sous-directrices d'une salle d'asile, sans toutefois que cette exemption leur permette d'obtenir ultérieurement la direction d'une école ou d'une salle d'asile en dehors des conditions prescrites par les articles 1 et 2 de la présente loi.

passe pas par les mains du trésorier de la fabrique (trib. de la Seine, 17 avril 1877). Mais les revenus personnels des ecclésiastiques sont saisissables.

Le droit de porter le costume ecclésiastique et la défense d'en user faite à toutes personnes étrangères au sacerdoce (C. pénal, art. 259 appliqué au costume monacal par la Cour de cassation, arrêts des 9 décembre 1876 et 3 août 1877, ou non autorisé par l'évêque diocésain, Bordeaux, 6 avril 1870). (*Adde* l'article 5 du décret du 9 avril 1809, et l'ordonnance du 16 juin 1828, autorisant les séminaristes à porter le costume ecclésiastique).

La protection (en partie menacée par un nouveau projet de loi sur la presse qui supprime le délit d'outrage à la morale religieuse) résultant des lois des 17 mai 1819 et 25 mars 1822, qui répriment l'outrage fait publiquement d'une manière quelconque, à raison de leur fonction ou de leur qualité, aux ministres de la religion. Ces lois permettent à l'évêque du diocèse de poursuivre la diffamation dirigée contre son clergé (C. cass., 17 novembre 1874), et donnent aux ecclésiastiques qui conservent la soutane hors de la circonscription, le moyen incontestable de se plaindre des insultes ou des propos que la malveillance se permettrait contre leur costume.

Article 8. — Tout outrage à la morale publique et religieuse ou aux bonnes mœurs par l'un des moyens énoncés en l'article 1er sera puni d'un emprisonnement d'un mois à un an et d'une amende de seize francs à cinq cents francs (loi du 17 mai 1819).

Article 1er. — Quiconque, par l'un des moyens énoncés en l'article 1er de la loi du 17 mai 1819 (discours, cris ou menaces proférés dans] des lieux ou réunions publics, écrits, imprimés, dessins, gravures, peintures, emblèmes vendus ou distribués, mis en vente ou exposés dans des lieux ou réunions publics, placards et affiches exposés au regard du public), aura outragé ou tourné en dérision la religion de l'Etat, sera puni d'un emprisonnement de trois mois à cinq ans et d'une amende de trois cents francs à six mille francs. — Article 6. L'outrage fait publiquement, d'une manière quelconque, à raison de leurs fonctions ou de leur qualité, à un ministre de la religion, sera puni d'un emprisonnement de quinze jours à deux ans et d'une amende de cent francs à quatre mille francs. L'outrage fait à un ministre de la religion dans l'exercice même de ses fonctions, sera puni des peines portées par l'article 1er. Si l'outrage a été accompagné d'excès ou de violences prévus par le § 1er de l'article 228 du Code pénal, il sera puni des peines portées audit § et à l'article 229 et, en outre, de l'amende portée au § 1er du présent article. Si l'outrage est accompagné des excès prévus par le § 2 de l'article 228 et par les articles 231, 232 et 233, le coupable sera puni conformément audit Code (loi du 25 mars 1822 ; décret du 11 août 1848, art. 5).

La latitude affirmée par un avis du conseil d'Etat du 28 vendémiaire an **XIV** (30 septembre 1805) qu'ont les curés et desservants de donner des conseils et des soins gratuits à leurs paroissiens malades, sans s'exposer à être poursuivis pour exercice illégal de la médecine. Ils ne peuvent pas cependant signer ni consultations, ni ordonnances, ni se livrer à des opérations de chirurgie.

La gratuité ou la simple réduction de places, stipulée au profit des ecclésiastiques, missionnaires et sœurs dans les actes de concession des voies de transport. Cependant le législateur s'est prononcé tout récemment sur ce point d'une manière défavorable, à propos de la concession de la ligne de Calédonie aux Messageries maritimes (loi du 16 juin 1881).

A côté des immunités ecclésiastiques se placent quelques dispositions analogues, intéressant l'exercice du culte et la religion. Ce sont :

La protection résultant de l'article 1 rapporté ci-dessus de la loi du 25 mars 1822.

La protection accordée aux édifices consacrés au culte et aux objets qu'ils renferment, résultant de l'aggravation de peine portée par l'article 386 du Code pénal contre les voleurs et dans des circonstances déterminées. Mais il n'y a plus de peines spéciales portées contre les crimes et délits commis dans les églises ou sur des objets consacrés au culte, la loi du 20 avril 1825 sur le sacrilège ayant été abrogée par celle du 11 octobre 1830.

Article 386. — Sera puni de la réclusion tout individu coupable de vol commis dans l'un des cas ci-après : si le vol a été commis la nuit et par deux ou plusieurs personnes, ou s'il a été commis avec une de ces deux circonstances seulement, mais en même temps dans un lieu habité ou servant à l'habitation, ou dans les édifices consacrés aux cultes légalement établis en France.

L'exemption de l'affichage des professions de foi, circulaires et réclames électorales, votée par le Sénat le 9 juillet 1881 (loi sur la presse, première discussion) en faveur des édifices consacrés au culte.

L'exemption de la contribution foncière, dérivant de l'article 105 de la loi du 3 frimaire an VII, en faveur des églises et de tous immeubles affectés à un service public, cimetières, évêchés, séminaires, écoles secondaires ecclésiastiques (arrêts du cons. d'Et., 14 janvier 1839 et 1er juillet 1840), presbytères et jardins y attenant (arrêt du 23 avril 1836; instr. minis, 28 septembre 1808). Mais cette condition est de rigueur, et la crypte d'une église qui servirait non pas au culte mais à des dépôts de marchandises, ne bénéficierait pas de l'exemption (cons. d'Et., 16 juin 1876).

L'obligation pour les compagnies concessionnaires de mines de compter parmi les charges de l'exploitation les frais de la chapelle annexée aux écoles et la maison de l'ecclésiastique qui donne aux enfants l'enseignement religieux (cir. minis., 6 décembre 1860; cons. d'Et., 9 janvier 1874).

La protection que la loi accorde aux règles de la discipline ecclésiastique, qui défend en toute circonstance la révélation des secrets de la confession et la sanction que le Code pénal donne à l'inviolabilité de ces secrets.

Article 378. — Toutes personnes dépositaires par état ou profession des secrets qu'on leur confie qui, hors le cas où la loi les oblige à se porter dénonciateurs, auront révélé ces secrets, seront punies d'un emprisonnement d'un mois à six mois et d'une amende de cent francs à cinq cents francs (Code pénal).

Le droit qu'a le clergé des paroisses de porter le viatique aux malades, d'accompagner les corps au cimetière, d'organiser des processions dans les villes où il n'y a point de temples destinés à différents cultes ; et si, par temples, on entend seulement, avec les circulaires ministérielles de l'an XI, les églises consistoriales régulièrement autorisées eu égard à la population protestante, il faut dire que ce droit est absolu dans la plupart des communes. Toutefois l'administration argue quelquefois de son droit de haute police et de la tranquillité publique pour suspendre la manifestation extérieure du culte. Mais le préfet ou le maire, en dehors du cas prévu par l'article 45 de la loi de germinal an X, ne pourrait, par mesure de police (lois des 14 décembre 1789 et 16 août 1790), interdire la sortie des processions que sous la réserve du recours pour abus compétent aux ecclésiastiques intéressés (cons. d'Et., 22 décembre 1876, 23 mai 1879, et 17 août 1880). A l'inverse, le curé ou desservant qui ferait sortir une procession malgré un arrêté municipal non encore rapporté, serait lui-même l'objet d'un recours semblable (cons. d'Et., 1er mars 1842).

Les honneurs militaires qui, d'après le décret du 24 messidor an XII, doivent être rendus au saint Sacrement dans les cérémonies extérieures du culte.

Article 1. — Dans les villes où, en exécution de

l'article 45 de la loi du 18 germinal an X, les cérémonies religieuses pourront avoir lieu hors les édifices consacrés au culte catholique, lorsque le Saint-Sacrement passera à la vue d'une garde ou d'un poste, les sous-officiers et soldats prendront les armes, les présenteront, mettront le genou droit en terre, inclineront la tête, porteront la main droite au chapeau, mais resteront couverts; les tambours batteront aux champs, les officiers se mettront à la tête de leur troupe, salueront de l'épée, porteront la main gauche au chapeau, mais resteront couverts; le drapeau saluera. Il sera fourni, du premier poste devant lequel passera le Saint-Sacrement, au moins deux fusiliers pour son escorte. Ces fusiliers seront relevés de poste en poste, marcheront couverts près du Saint-Sacrement, l'arme sous le bras droit. Les gardes de cavalerie monteront à cheval, mettront le sabre à la main; les trompettes sonneront la marche, les officiers, les étendards et guidons salueront. — Article 2. Si le Saint-Sacrement passe devant une troupe sous les armes, elle agira ainsi qu'il vient d'être ordonné aux gardes ou postes. — Article 3. Une troupe en marche fera halte, se formera en bataille, et rendra les honneurs prescrits ci-dessus. — Article 4. Aux processions du Saint-Sacrement, les troupes seront mises en bataille sur les places où la procession devra passer. Le poste d'honneur sera à la droite de la porte de l'église par laquelle la procession sortira. Le régiment d'infanterie qui portera le premier numéro prendra la droite; celui qui portera le second prendra la gauche, les autres régiments se formeront ensuite alternativement à droite et à gauche; les régiments d'artillerie à pied occuperont le centre de l'infanterie. Les troupes à cheval viendront après l'infanterie. Les carabiniers prendront la droite, puis les cuirassiers, ensuite les dragons, chasseurs et hussards. Les régiments d'artillerie à cheval occuperont le centre des troupes à cheval. La gendarmerie marchera à pied, entre les fonctionnaires publics et les assistants. Deux compagnies de grenadiers escorteront le Saint-Sacrement ; elles marcheront en file, à droite et à gauche du dais. A défaut de grenadiers, une escorte sera fournie par l'artillerie ou par des fusiliers, et, à défaut de ceux-ci, par des compagnies d'élite des troupes à cheval, qui feront le service à pied. La compagnie du régiment portant le premier numéro occupera la droite du dais ; celle du second la gauche. Les officiers resteront à la tête des files. Les officiers et soldats porteront le fusil sous le bras droit. — Article 5. L'artillerie fera trois salves pendant le temps que durera la procession et mettra en bataille sur les places ce qui ne sera pas nécessaire pour la manœuvre du canon (décret du 24 messidor, an XII).

La défense faite aux huissiers et aux autres agents de la force publique de faire aucune signification ni exécution les jours de fête légale (Code de procédure civile, art. 1037), c'est-à-dire les dimanches et les fêtes religieuses conservées par les articles organiques et réduites en vertu de l'indulte du 9 avril 1802 aux quatre suivantes : l'Ascension, l'Assomption, la Toussaint et Noël (ordonnance du 29 octobre 1820). — La défense d'arrêter un débiteur jugé correctionnellement, dans les édifices consacrés au culte et pendant les exercices religieux (C. civil, art. 781). — L'interdiction de faire travailler, les dimanches et les jours fériés, les enfants âgés de moins de seize ans et les filles âgées de moins de vingt et un ans employés dans les manufactures (loi du 19 mai 1874, art. 5 ; décret du

22 mai 1875, art. 4). Dans les sucreries, le travail du dimanche est autorisé, sauf de six heures du matin à midi ; dans les verreries, il est également autorisé, sauf de huit heures du matin à six heures du soir (décret du 5 mars 1877). — L'obligation imposée aux ministres de la guerre et de la marine d'assurer, par des règlements aux militaires, le temps et la liberté nécessaire à l'accomplissement de leurs devoirs religieux les dimanches et autres jours fériés. Le colonel doit aussi laisser aux militaires la liberté à cet effet, régler le service pour qu'ils puissent assister aux offices les dimanches et les fêtes, et, dans la semaine, accorder les permissions nécessaires à la pratique de la religion (loi du 27 juillet 1872, art. 70 ; décret du 10 août 1872). Quant à la loi du 18 octobre 1814, plusieurs fois appliquée par la Cour de cassation (20 avril 1866, 18 décembre 1872), elle a été abrogée par la loi du 12 juillet 1880.

La capacité civile entraînant celle de recevoir des dons, legs et fondations, reconnue aux fabriques et aux établissements religieux autorisés (loi de germinal, art. 15 ; loi du 2 janvier 1817, art. 1 et 2).

L'acte législatif de foi religieuse, accompli par l'Assemblée nationale, qui, à la requête de l'archevêque de Paris et sous le coup des désastres de l'invasion et de la guerre civile, déclara d'utilité publique la construction d'une église expiatoire sur les hauteurs de Montmartre (loi du 24 juillet 1873).

Article 1er. — Est déclarée d'utilité publique la construction d'une église sur la colline de Montmartre, conformément à la demande qui en a été faite par l'archevêque de Paris dans sa lettre du 5 mars 1873 adressée au ministre des cultes. Cette église, qui sera construite exclusivement avec les fonds provenant de souscriptions, sera à perpétuité affectée à l'exercice public du culte catholique. — Article 2. L'emplacement de cet édifice sera déterminé par l'archevêque de Paris, de concert avec le préfet de la Seine, avant l'enquête prescrite par le titre ii de la loi du 3 mai 1841, et autorisé à acquérir le terrain nécessaire à la construction de l'église et à ses dépendances, soit à l'amiable, soit, s'il y a lieu, par la voie de l'expropriation. — Article 4. Il sera procédé aux mesures prescrites par les titres ii et suivants de la loi du 3 mai 1841, aussitôt après la promulgation de la présente loi.

La liberté profitable à l'Eglise de l'enseignement supérieur, consacrée par la loi du 12 juillet 1875, confirmée par la loi justement attaquée du 18 mars 1880 qui la modifie sur les points suivants : 1° abolition du jury mixte et restitution à l'Etat de la collation des grades, avec soumission de tous les candidats aux mêmes règles en ce qui concerne le programme, les conditions d'âge, de grade, d'inscription, de travaux pratiques, de stage dans les hôpitaux ; 2° gratuité des inscriptions dans les facultés de l'Etat ; 3° défense aux établissements libres de prendre le titre d'universités et de décerner autre chose que de simples certificats d'étude ; 4° liberté des cours isolés ; 5° nécessité d'une loi pour la déclaration d'utilité publique des établissements ou associations d'enseignement.

INCAPACITÉS ECCLÉSIASTIQUES
ET PROHIBITIONS

Si les ecclésiastiques jouissent de certaines immunités civiles, ils sont frappés d'autre part de certaines incapacités.

Ils ne peuvent être élus membres des conseils municipaux et généraux dans les communes et les cantons où ils sont en exercice (loi du 5 mai 1855, art. 10 ; loi du 10 août 1871, art. 8), ni *a fortiori* être maires ou adjoints ; ils ne peuvent pas remplir les fonctions du ministère public près les tribunaux, ni être nommés aux places de juges dont les attributions ont été reconnues incompatibles avec leur ministère (loi du 24 août 1790, art. 1), ni remplir des charges administratives qui les détourneraient de leur mission sacerdotale. Mais ils peuvent siéger dans les conseils d'arrondissement et dans les assemblées législatives. L'article 82 de la loi du 15 mars 1849 concernant les évêques et leurs vicaires généraux est abrogé.

Les ministres du culte qui ont administré les

secours spirituels à un malade pendant le cours de la maladie dont il est mort, sont incapables d'en recevoir des donations ou legs. Sont exceptées, les dispositions rémunératoires faites à titre particulier, eu égard aux facultés du disposant et aux services rendus, et les dispositions universelles dans le cas de parenté jusqu'au quatrième degré inclusivement (cousins germains), pourvu que le décédé n'ait pas d'héritier en ligne directe; à moins que celui, au profit de qui la disposition a été faite, ne soit lui-même du nombre de ces héritiers (Code civil, art. 909). Au reste, un ministre du culte n'est pas incapable de recevoir d'un malade auquel il n'a pas donné les secours spirituels, quoiqu'il soit constamment resté auprès de lui pendant sa maladie, et il en est de même de celui qui s'est borné à apporter au mourant le viatique et à lui administrer l'extrême-onction (C. cass. 13 avril 1880). Cette incapacité ne s'applique pas non plus à celui qui, habitant depuis longtemps chez le testateur et vivant dans son intimité, avait seulement coutume de célébrer la messe et de lui donner la communion dans une chapelle dépendant de son habitation (Toulouse, 7 janvier 1879).

L'engagement dans les ordres sacrés forme non seulement un empêchement prohibitif au mariage, imposant à l'officier de l'état civil le devoir de ne point procéder à la célébration et donnant aux parents le droit de former opposition, mais un empêchement dirimant qui, entraînant la nullité du mariage, respecte l'indissolubilité du lien sacerdotal et rompt une union sacrilège. La loi civile consacre en cette matière les règlements ecclésiastiques : « Attendu qu'il résulte des articles 6 et 26 de la loi organique du concordat de germinal an X, que les prêtres catholiques sont soumis aux canons qui étaient alors admis en France, et par conséquent à ceux qui prohibaient le mariage aux ecclésiastiques engagés dans les ordres sacrés et déclaraient nuls les mariages contractés au mépris de cette prohibition ; attendu que le Code civil et les lois constitutionnelles ne renfermant aucune dérogation à cette loi spéciale, l'arrêt attaqué, en déclarant nul et de nul effet le mariage contracté le 4 avril 1869 entre Aupy, prêtre catholique, et la demoiselle Lemignon, n'a pu violer aucune loi. » (C. cass. 26 février 1878 (1). Mais les simples vœux monastiques que la loi civile ne reconnaît plus (Montpellier, 24 décembre 1868), ne forment pas même un empêchement prohibitif au mariage, si l'on excepte les vœux annuels et quinquennaux que contractent devant l'officier de l'état civil les membres des congrégations hospitalières de femmes, conformément au décret du 18 février 1809. Mais ces vœux ne sont plus inscrits sur le registre de l'état civil : la prescription de la loi est tombée en désuétude (C. cass., 23 mars 1849).

La prêtrise forme également un empêchement à l'adoption telle que la comprend le Code civil, et

(1) Cette solution, qui n'a pas toujours été admise par la jurisprudence, n'est pas adoptée par tous les auteurs.

cet empêchement découle des mêmes motifs qui repoussent le mariage des prêtres, c'est-à-dire les embarras de la famille, la possibilité de légitimation, l'esprit sacerdotal qui fait du prêtre le père des fidèles.

L'incapacité de faire le commerce dont sont atteints les ministres du culte paroissial, semble également résulter de la loi civile tout autant que de considérations morales ou religieuses. En effet, les fonctions de juges consulaires ne peuvent leur être déférées, d'après la loi du 24 août 1790, et l'article 176 du Code pénal défend, sous peine d'amende et de confiscation, de faire le commerce à des fonctionnaires dont l'autorité morale n'est pas plus grande que la leur.

Certaines défenses sont faites aux ecclésiastiques. Il y a l'article 54 des articles organiques contraire au droit de l'Eglise et au droit naturel (1), et qui défend aux curés de donner la bénédiction nuptiale à ceux qui ne justifieraient pas avoir contracté mariage devant l'officier de l'état civil. C'est un effet de la sécularisation de l'état des personnes. Avant la révolution, le prêtre était l'officier de l'état civil, et le contrat civil n'était que l'accessoire du sacrement. Dans le droit actuel, c'est ce contrat qui

(1) En effet, la validité du mariage n'est pas subordonnée à la bénédiction solennelle, et le curé peut ne jouer que le rôle passif de témoin qui écarte l'idée de toute répression. Au surplus, les mariages *in extremis* sont affranchis par l'usage de la prescription civile.

précède, et cette règle est sanctionnée, en ce qui regarde le mariage, par le Code pénal, article 199 et 200, c'est-à-dire par une amende de seize à cent francs et, pour le cas de récidive, par un emprisonnement de deux à cinq ans ou même par la détention. Mais il résulte des discussions du conseil d'Etat que l'omission d'avoir exigé la justification du mariage civil n'entraînerait aucune peine, si ce mariage avait eu lieu (séance du 29 août 1809). — Les certificats des officiers de l'état civil sont assujettis au timbre de trente centimes (décret du 9 décembre 1810 ; loi du 23 août 1871, art. 2 § 1). Il a été jugé que le refus de l'un des époux de consentir à la célébration du mariage religieux constitue une injure grave susceptible d'entraîner la séparation de corps (Angers, 29 janvier 1859). On pourrait même l'assimiler à l'erreur sur la personne entraînant l'annulation du mariage.

Le décret du 4 thermidor an XIII défend aux ministres du culte d'aller lever aucun corps ou de les accompagner hors des églises qu'il ne leur apparaisse de l'autorisation donnée par l'officier de l'état civil, et cette autorisation est prescrite par l'article 77 du Code civil dont il sera question au chapitre des sépultures.

HIÉRARCHIE ET CIRCONSCRIPTIONS ECCLÉSIASTIQUES

En tête de la hiérarchie ecclésiastique, considérée d'après les lois civiles, se trouve le Pape représenté par le *nonce*, instituant canoniquement les archevêques et évêques, réglementant les circonscriptions de diocèses de concert avec le gouvernement, consentant à l'érection ou la suppression des évêchés et à la translation des évêques d'un siège à un autre. Il crée les *cardinaux* français qui, après leur nomination, reçoivent des mains du chef de l'Etat la barette à lui remise par un ablégat.

Les *archevêques* ou *métropolitains* ne se distinguent des évêques en exercice que par les facultés énumérées aux articles 13, 14 et 15 de la loi de germinal et par le montant du traitement. Il est de 45,000 francs pour l'archevêque de Paris, de 20,000 francs pour l'archevêque d'Alger, de 15,000 francs pour les seize autres archevêques, de 12,000 francs pour les évêques d'Oran et de Constantine et 10,000 francs pour les soixante-sept autres évêques.

La loi des finances du 21 décembre 1879, en réduisant de 435,000 francs le traitement des archevêques et évêques, l'a abaissé au chiffre marqué par la loi de germinal an X. Mais le législateur aurait dû considérer que depuis cette époque le budget des cultes aussi bien que le budget général de l'Etat, ayant été beaucoup augmenté et l'affaiblissement de la valeur monétaire ayant exigé l'élévation des traitements dans tous les services publics, il dépassait son but apparent.

Le traitement court du jour de la prise de possession du siège épiscopal (ordonnance du 4 septembre 1820). Il s'accroît : 1° d'indemnités pour frais de visites diocésaines, et s'élevant à 1,000 francs pour les diocèses composés d'un seul département, de 1,500 francs pour ceux qui en comptent deux, à l'exception des diocèses d'Aix, de Marseille, de Reims et de Châlons qui, comprenant seulement trois départements, ne reçoivent ensemble que 3,000 francs; du diocèse d'Alger, qui reçoit 5,000 francs, et de ceux de Constantine et d'Oran, qui reçoivent chacun 3,000 francs; 2° d'indemnités pour frais d'établissement, fixées, comme *maximum*, à 15,000 francs pour les archevêques et à 10,000 francs pour les évêques (1) (arr. du 23 ventôse an XIII; ordonnance du 4 septembre 1820; décret du 12 octobre

____

(1) L'indemnité pour les cardinaux, fixée à 45,000 francs par le décret du 7 ventôse an XI, a été supprimée dans la loi des finances de 1881, sous le prétexte qu'elle ne reposait pas sur un article de la loi de germinal.

1857, applicable à l'évêque coadjuteur (décis. minis.
19 janvier 1853), et fixant en outre à 5,000 francs
l'indemnité due aux évêques promus à un archevêché et aux archevêques transférés à un autre siège,
et à 4,000 francs l'indemnité due aux évêques dans
ce même cas). Le décret de 1857 ne s'applique pas
à l'archevêché de Paris qui est régi par des règles
particulières ; 3° du paiement des bulles fixé par le
décret du 23 ventôse an XIII, confirmé par l'ordonnance royale du 12 septembre 1819, et des frais
d'informations pour lesquels il est alloué à la non-
ciature 400 francs par archevêque et 300 francs par
évêque (ordonnance du 3 août 1825) ; 4° des allocations facultatives des conseils généraux ; 5° de la
franchise postale et du contre-seing dans leurs correspondances (ordonnances des 14 décembre 1825
et 17 novembre 1844), et 6° de la jouissance des
palais épiscopaux et de leur ameublement.

Le *pallium* est le signe extérieur de la juridiction
des archevêques. Nommés et canoniquement ins-
titués conformément aux dispositions du concordat,
les archevêques et les évêques dirigent l'exercice du
culte dans leurs diocèses respectifs, sans exception
de lieux et de ministres. Quand les infirmités et la
vieillesse ne leur permettent plus de remplir leur
ministère, ils peuvent s'en démettre avec l'agrément du Pape et du gouvernement. Ils peuvent aussi
obtenir un *coadjuteur*, lequel, nommé comme les
autres évêques, exerce alors les fonctions épiscopales
avec le titre d'évêque *in partibus*, susceptible de

rétribution (décret du 28 février 1855), mais seulement jusqu'à la mort du titulaire si la coadjutorerie est sans future succession. L'acceptation d'un évêché *in partibus infidelium* est subordonnée à l'autorisation du chef de l'Etat, sur le rapport du ministre des cultes, et la consécration est précédée de la publication des bulles, après examen au conseil d'Etat (décret du 7 janvier 1808, art. 1 et 2).

Voici l'indication des circonscriptions ecclésiastiques :

Métropole de *Paris*. Suffragants : Chartres, Meaux, Orléans, Blois, Versailles. — M. de *Lyon*. S. S. Autun, Langres, Dijon, Saint-Claude, Grenoble. — M. de *Rouen*. S. S. Bayeux, Evreux, Séez, Coutances. — M. de *Sens*. S. S. Troyes, Nevers, Moulins. — M. de *Reims*. S. S. Soissons, Châlons, Beauvais, Amiens. — M. de *Tours*. S. S. Le Mans, Laval, Angers, Nantes. — M. de *Bourges*. S. S. Clermont, Limoges, Le Puy, Tulle, Saint-Flour. — M. d'*Alby*. S. S. Rodez, Cahors, Mende, Perpignan. — M. de *Bordeaux*. S. S. Agen, Angoulême, Poitiers, Périgueux, La Rochelle, Luçon, Saint-Pierre, La Basse-Terre, Saint-Denys (colonies). — M. d'*Auch*. S. S. Aire, Tarbes, Bayonne. — M. de *Toulouse*. S. S. Montauban, Pamiers, Carcassonne. — M. d'*Aix*. S. S. Marseille, Fréjus, Digne, Gap, Ajaccio, Nice. — M. de *Besançon*. S. S. Verdun, Bellay, Saint-Dié, Nancy. — M. d'*Avignon*. S. S. Nîmes, Valence, Viviers, Montpellier. — M. de *Cambrai*. S. Arras. — M. de *Chambéry*. S. S. Annecy, Saint-Jean de Maurienne, Moutiers, Tarentaise. — M. de *Rennes*. S. S. Quimper, Saint-Brieuc, Vannes. — M. d'*Alger*. S. S. Constantine, Oran.

Les évêques ont des *vicaires généraux* dont le

nombre et les conditions de nomination sont réglés par l'article 21 de la loi organique. A l'expiration de leurs pouvoirs amenée par un changement d'évêque ou par les infirmités ou par la vieillesse, ils peuvent obtenir, après trois années d'exercice, le premier canonicat vacant dans le chapitre du diocèse, et, en attendant, un secours de 1,500 francs aux termes de l'ordonnance du 29 septembre 1824. Ce chapitre diocésain se compose de chanoines titulaires au nombre de quinze à Paris, de neuf dans les métropoles, de huit dans les cathédrales, sans compter l'archiprêtre et les vicaires généraux en exercice (1). Le traitement des chanoines s'élève à 2,400 francs pour Paris, à 1,600 francs partout ailleurs, sauf en Algérie où les quatorze chanoines des trois diocèses touchent 2,400 francs (décret du 2 août 1858 ; loi des finances de 1881). Ces traitements peuvent s'accroître des allocations facultatives des conseils généraux. Les vicaires généraux sont aussi appelés à figurer parmi les chanoines du second ordre du chapitre de Saint-Denis avec d'autres ecclésiastiques désignés par le décret du 3 septembre 1879 (2). Leurs fonctions sont rétribuées en vertu

(1) Il y a encore les *chanoines honoraires*, nommés par l'évêque, et qui n'ont d'autre attribution que de pouvoir assister en costume à l'office canonial.

(2) Ce sont les chanoines, curés de première classe, aumôniers des armées de terre et de mer, et des établissements publics ayant au moins dix ans d'exercice de leurs fonctions, et enfin les ecclésiastiques qui se sont distingués dans l'exercice de leur ministère. Le décret de 1879 abroge les dispositions contraires du décret du 23 juin 1873, concer-

de l'arrêté du 14 ventôse an XI. A Paris, le premier
vicaire général reçoit 4,500 francs, dans les autres

nant la réorganisation administrative du chapitre de Saint-
Denis, et dont voici la teneur :

Le président, etc., sur le rapport du Ministre de l'instruction publique, des cultes et des beaux-arts, vu le
décret du 17 juin 1857, portant réception du bref du
31 mars de la même année, qui institue canoniquement le
chapitre de Saint-Denis; vu le décret du 18 décembre 1858,
portant organisation de ce chapitre; vu le décret, en date
de ce jour, portant réception d'un bref du 12 octobre dernier, qui abroge le précédent bref du 31 mars 1857; le
conseil d'Etat entendu, décrète :

Article 1. Le chapitre de Saint-Denis est institué pour
desservir la basilique de ce nom, et assurer une retraite
honorable aux évêques démissionnaires, ainsi qu'aux anciens
aumôniers des armées de terre et de mer, et des établissements publics. — Article 2. Le chapitre est composé d'un
primicier, de chanoines-évêques ou du premier ordre et de
chanoines-prêtres ou de second ordre. Chacun de ces deux
ordres comptera au plus douze chanoines. — Article 3. Les
membres du chapitre sont nommés par le président de la
République, sur la proposition du Ministre de l'instruction
publique, des cultes et des beaux-arts. — Article 4. Les
chanoines du premier ordre sont choisis exclusivement
parmi les archevêques et évêques des diocèses de la France
ou de ses colonies, dont la démission aura été régulièrement acceptée. Les chanoines du second ordre seront choisis
parmi les anciens aumôniers des armées de terre ou de mer
et des établissements publics ayant au moins dix années
d'exercice de leurs fonctions. — Article 5. Le primicier est
choisi parmi les chanoines du premier ordre ou les archevêques et évêques en fonctions. — Article 6. Le primicier, les
chanoines-évêques et les chanoines-prêtres reçoivent l'institution canonique conformément au bref donné à Rome le 12
octobre 1872, reçu et publié par décret de ce jour. — Article 7.
Le primicier exerce la juridiction spirituelle et jouit des
droits et prérogatives qui lui sont conférés par le bref précité.
Il règle le service de l'église et du chapitre, et nomme les

métropoles 3,500 francs ; les autres vicaires généraux
touchent partout 2,500 francs, à l'exception des

auxiliaires ecclésiastiques et laïques qui y sont attachés. Il
présente à l'approbation du Ministre de l'instruction publique et des cultes le budget des comptes de l'église et du
chapitre. — Article 8. Lorsque le primiceriat vient à vaquer,
soit par suite de décès, soit pour toute autre cause légitime,
le chapitre élit, dans le délai de huit jours, au scrutin secret
et à la majorité absolue des suffrages exprimés, un vicaire
capitulaire choisi parmi les chanoines du premier ordre
pour remplir temporairement les fonctions de primicier. Si
l'élection n'est pas faite dans le délai fixé, l'archevêque de
Paris, ou, en cas de vacance de ce siège, l'évêque le plus
âgé de la province ecclésiastique de Paris désigne un
membre du chapitre pour remplir les fonctions d'administrateur temporaire. Ces élections ou désignations sont soumises
à l'agrément du président de la République. — Article 9.
Les chanoines-évêques conservent les honneurs et prérogatives attachés à l'épiscopat. Ils ne sont pas astreints à la
résidence. — Article 10. Les chanoines-prêtres sont astreints
à la résidence. S'ils n'ont pas justifié, dans les six mois de
leur nomination, qu'ils ont fixé leur résidence à Saint-Denis,
ils sont réputés démissionnaires et immédiatement remplacés.
Ils ne peuvent prendre plus de trois mois de vacance et ne
s'absenteront qu'avec la permission du primicier, qui en
informera le Ministre des cultes. Il sera fait, sur le traitement
de ceux qui s'absenteraient sans permission, une retenue dont
la quotité sera réglée, suivant le cas, par décision ministérielle. — Article 11. Le traitement des chanoines-évêques
ou du premier ordre est fixé à 10,000 francs. Le traitement et
les droits de présence des chanoines-prêtres ou du second
ordre sont fixés à 4,000 francs. Le montant et le mode
de répartition des droits de présence sont réglés par décret rendu sur la proposition du primicier et le rapport
du Ministre de l'instruction publique, des cultes et des
beaux-arts. Le trésorier du chapitre est choisi parmi les
chanoines du second ordre. Il est nommé par arrêté ministériel et reçoit une indemnité de 600 francs. — Article 12.
Les chanoines de Saint-Denis ont pour insigne commun

cinq vicaires généraux des diocèses de l'Algérie où le traitement s'élève à 3,600 francs. En outre, une indemnité de 1,200 francs est touchée par un chanoine de Constantine qui remplit les fonctions de vicaire général (décret du 22 janvier 1853 ; loi des finances 1881).

aux deux ordres une croix d'or émaillée de huit pointes dont le centre reproduit sur les deux faces le sceau et le contre-sceau de l'ancien abbaye de l'église de Saint-Denis. — Article 13. Le décret du 20 février 1806, articles 1-6 ; l'ordonnance du 23 février 1816 ; les décrets du 25 mars 1852, 9 mars 1853 et 18 décembre 1858 sont et demeurent rapportés.

Pour l'application de l'article 3 et la nomination d'un primicier, voir Décret 19 octobre 1878.

En ce qui concerne le traitement des chanoines de Saint-Denis, il y a onze chanoines du premier ordre qui reçoivent 10,000 francs ; douze chanoines du second ordre qui reçoivent 4,000 francs, y compris le droit de présence au chœur ; un chanoine du second ordre au même traitement mais à supprimer par extinction. Les frais de service intérieur dans la basilique sont répartis de la manière suivante : 20,600 francs pour traitements des diacres, sacristain, organiste, chantres, aides de chœur, etc ; 3,560 pour frais de maîtrise et d'entretien des enfants de chœur ; 5,900 francs pour huissiers, suisses, aide-sacristain et autres gens de service ; 6,940 francs pour frais d'entretien du matériel et des ornements ; menus frais.

Dans sa dernière session, la Chambre des députés a voté un projet de loi ayant pour objet de *supprimer le chapitre métropolitain des chapelains de Sainte-Geneviève et de rendre le Panthéon à la destination qui lui fut donnée par l'Assemblée nationale en 1791.* Cependant une voix autorisée, Mgr Freppel, avait fait remarquer que cette proposition portait sur une institution imaginaire, la communauté des prêtres séculiers de Sainte-Geneviève ne formant pas un chapitre et la destination du Panthéon n'ayant pas été changée par le décret de 1852.

Ces traitements courent du jour de l'installation constatée par le chapitre dans un procès-verbal qui est adressé ensuite à l'évêque et au préfet pour servir à la formation des états de paiement (ordonnance du 13 mars 1832). A côté des vicaires généraux, il faut citer les *vicaires capitulaires* ou élus par le chapitre diocésain et chargés d'administrer le diocèse pendant la vacance du siège épiscopal. Leur nombre est égal à celui des vicaires généraux, et ils doivent être agréés par le gouvernement. Ils exercent collectivement la même juridiction que l'évêque, mais leurs pouvoirs ne comportent pas le droit d'innovation (décret du 28 février 1810, art. 6).

Les *curés*, ministres ordinaires du culte, sont inamovibles après avoir été nommés par l'évêque et agréés par le gouvernement. Il y a une cure au moins par canton, habituellement au chef-lieu, et leur établissement comme la translation du siège curial ne peut avoir lieu qu'avec l'autorisation du gouvernement (1). L'érection des cures a lieu par décret rendu sur la proposition de l'évêque, l'avis du préfet, le rapport du ministre des cultes et la délibération du conseil d'Etat. Quelquefois il est procédé à une enquête; mais cette mesure d'instruction n'est exigée par aucun règlement ni pour l'érection, ni pour la modification d'une circonscription paroissiale (C. d'Et., 8 février 1878). Les succursales sont

(1) La nécessité de cette autorisation, également exigée pour l'érection des succursales, porte atteinte au droit qu'a l'Eglise de s'administrer elle-même.

établies de la même manière et desservies par des titulaires nommés par l'évêque seul et par lui révocables. On les appelle *desservants* (1). L'inamovibilité elle-même attribuée aux curés ne doit pas être entendue dans ce sens absolu qu'elle ne pourrait cesser en aucun cas. L'évêque a le droit de déposer les curés dans les formes et sauf les recours canoniques ; seulement la déposition, pour produire ses effets civils, doit être confirmée par le gouvernement. Un cas particulier de révocation d'un curé inamovible résulte de la réunion (autorisée par le gouvernement) au chapitre d'une cure établie dans la paroisse de la métropole ou de la cathédrale. Le titulaire, sous le nom d'*archiprêtre*, nommé par l'évêque et révocable par lui, remplit alors les fonctions du curé. Il est chanoine de droit, et il reçoit le traitement de 2,400 francs à Paris et de 1,600 francs dans les autres diocèses.

Les curés sont dits de première ou de seconde classe d'après le traitement qu'ils reçoivent. Sont de première classe ceux dont le traitement annuel est de 1,500 francs. Ce sont les curés des communes de 5,000 âmes et au-dessus, en nombre égal aux justices de paix ; ceux des chefs-lieux de préfecture, quand même la population serait inférieure à 5,000 habitants ; les curés qui, s'étant distingués par leur zèle, leur piété et les vertus de leur état, ont été agréés comme tels par le gouvernement sur la proposition des évêques (arrêté du

(1) Il y a en France 3,370 curés et 31,102 desservants.

27 brumaire an **XI**, ordonnance du 6 avril 1832, décision royale du 29 décembre 1819).

Les titulaires de cure de deuxième classe ne touchent que 1,200 francs. Un supplément de 100 francs est payé aux curés septuagénaires et élève leur traitement à 1,600 et à 1,300 francs. Ces traitements sont payés par trimestre en des mandats qui sont remis aux ayants-droit, au nom desquels ils sont délivrés. Ils datent du jour de la prise de possession constatée par le bureau des marguilliers (ordonnance du 13 mars 1832, art. 1). En cas de perte ou de disparition, le préfet délivre un duplicata sur la déclaration du destinataire et le certificat du percepteur, du receveur ou du payeur. Si le curé vient à décéder, le montant du mandat est remis aux héritiers sur le vu d'un acte authentique prouvant leur qualité, accompagné de l'acte de décès (circ. minis., 1er frimaire an **IV**, 16 mars 1821, 1er avril 1823, 10 janvier 1826).

Article 4. L'absence temporaire et pour cause légitime, des titulaires d'emplois ecclésiastiques, du lieu où ils sont tenus de résider, pourra être autorisée par l'évêque diocésain, sans qu'il en résulte décompte sur le traitement si l'absence ne doit pas excéder huit jours ; passé ce délai et jusqu'à celui d'un mois, l'évêque notifiera le congé au préfet et lui en fera connaître le motif. Si la durée de l'absence pour cause de maladie ou autre doit se prolonger au delà d'un mois, l'autorisation de notre Ministre de l'instruction publique et des cultes sera nécessaire (ordonnance du 13 mars 1832).

Article 8. Nul ecclésiastique salarié par l'Etat, lorsqu'il n'exercera pas de fait dans la commune qui lui aura été désigné, ne pourra toucher son traitement (loi de finances du 23 avril 1833).

Le traitement des desservants, établi par le décret du 11 prairial an XII et successivement augmenté par diverses ordonnances (5 juin 1816, avril 1817, 20 mai 1818, 6 janvier 1830 ; loi des finances 8 août 1847 ; décrets 29 juillet 1858, 16 mai 1863, 13 août 1864), varie suivant l'âge des ayants-droit. Il est de 1,300 francs pour les desservants âgés de soixante-quinze ans, 1,200 francs pour les septuagénaires, 1,100 francs pour les desservants âgés de soixante à soixante-dix ans ; 1,000 francs pour les desservants âgés de soixante ans et 900 francs pour ceux au-dessous de cet âge (1). Ce traitement est dû du jour de leur installation, constatée par le bureau des marguilliers (ordonnance, 13 mars 1832, art. 2 qui vise en même temps le traitement des vicaires). Le desservant remplit dans la succursale les mêmes fonctions que le curé dans la cure. Il exerce son ministère sous la surveillance de ce dernier, qui n'a d'autre pouvoir vis-à-vis lui que d'avertir l'évêque des abus et des irrégularités qui seraient à sa connaissance. Celui-ci seul pourrait le révoquer.

Les succursales sont érigées ordinairement sur la

(1) En Algérie, il y a deux archiprêtres à 2,400 francs ; des desservants de 1re classe à 2,400 francs ; des desservants à 1,800 francs ; des vicaires ou prêtres auxiliaires à 1,800 francs ; trois secrétaires des évêchés à 1,800 francs et chaouch à 900 francs. Les prêtres auxiliaires touchent ensemble une indemnité, pour frais de déplacement, de 2,800 francs (loi des finances de 1881.)

demande du conseil municipal intéressé. Il produit
à cet effet le budget de la commune et l'obligation
contractée par elle de fournir les objets qui man-
queraient à l'église, le cimetière et le logement du
desservant. De plus, des circulaires ministérielles
(20 août 1842 et 12 août 1844) exigent la production : 1° d'un tableau désignant les villages, hameaux,
habitations isolés qui formeront la circonscription
de la succursale, le nombre de leurs habitants et
celui des habitants de la paroisse dont ils sont détachés; 2° d'un plan, en double expédition, revêtu
de l'approbation de l'évêque et de celle du préfet, de la circonscription de la nouvelle succursale,
si son périmètre n'est pas le même que celui de la
commune ; 3° de l'indication certifiée par l'ingénieur
des ponts-et-chaussées de l'arrondissement de la
distance existant entre les diverses sections de la
circonscription proposée et l'église dont elles dépendent actuellement, ainsi que des difficultés de
communication; 4° de la population de la nouvelle
succursale et la superficie en hectares certifiées par
le sous-préfet; 5° de l'indication et la superficie en
hectares de l'ancienne paroisse; 6° de l'avis des
conseils municipaux, auquel le gouvernement n'est
pas tenu de se conformer (C. d'Et., 12 mai 1876),
et de la fabrique de l'ancienne paroisse ; 7° de l'avis
motivé de l'évêque diocésain; 8° de l'avis du préfet
en forme d'arrêté. — Voir, sur l'érection des succursales, les décrets du 11 prairial an XII et 30
septembre 1807.

Nous connaissons l'ordonnance du 13 mars 1832, article 4 , se rapportant à l'absence temporaire et légitime des titulaires d'emplois ecclésiastiques. Cette notion doit être complétée par le décret du 17 novembre 1811 :

Article 1er. Dans le cas où un titulaire se trouverait éloigné temporairement de sa paroisse, un ecclésiastique sera nommé par l'évèque pour le remplacer provisoirement; et cet ecclésiastique recevra, outre le casuel auquel le curé ou desservant aurait eu droit, une indemnité (1).

Article 2. Si le titulaire est éloigné pour cause de mauvaise conduite, l'indemnité du remplacement provisoire sera prise sur le revenu du titulaire, soit en argent, soit en biens-fonds.

Article 3. Si le revenu est en argent, l'indemnité du remplaçant sera, savoir : dans une succursale, de 250 francs par an, au prorata du temps du remplacement; dans une cure de deuxième classe, de 600 francs ; dans une cure de première classe, de 1,000 francs. Cette indemnité sera prélevée au besoin, en partie ou en totalité, sur la pension ecclésiastique du titulaire.

Article 4. Si le titulaire est doté, partie en biens-fonds, par exception à la loi de germinal an X, partie en supplément pécuniaire, pour lui compléter un revenu de 500 francs, l'indemnité du remplaçant sera de 250 francs à prendre d'abord sur le supplément pécuniaire, et en cas d'insuffisance, sur les revenus en biens-fonds.

Article 5. Si le titulaire, ayant moins de 500 francs de re-

(1) Le conseil d'Etat, par application de cet article, a décidé qu'un curé, éloigné du service pour cause de maladie, perd ses droits au casuel, qui, de même que la portion du traitement déterminée par le décret, passe à son remplaçant, mais qu'il conserve la jouissance du presbytère s'il continue à résider dans la paroisse (C. d'Etat, 4 avril 1861, cir. minist. 30 janv. 1869.)

venu en biens-fonds, jouit d'une pension ecclésiastique, au moyen de laquelle il n'a point à recevoir de supplément, l'indemnité de 250 francs du remplaçant sera d'abord prise sur la pension, et au besoin sur les biens-fonds.

Article 6. Si le titulaire jouit d'un revenu de 500 francs entièrement en biens-fonds, l'indemnité du remplaçant sera également de 250 francs à prendre entièrement sur les revenus.

Article 7. Si le revenu du titulaire en biens-fonds excède 500 francs, l'indemnité du remplaçant sera de 300 francs lorsque ce revenu sera de 500 francs à 700 francs, et les deux tiers du revenu, au-dessus de 700 francs.

Article 8. Dans le cas d'absence pour cause de maladie, il sera conservé aux titulaires de succursales et de cures de deuxième classe, et dans les cures dotées en biensfonds, à tous les curés dont la dotation n'excèderait pas 1,200 francs, un revenu jusqu'à concurrence de 700 francs.

Article 9. Le surplus de l'indemnité du remplaçant, ou la totalité de l'indemnité, si le revenu n'est que de 700 francs, sera comme le payement des vicaires, à la charge de la fabrique de la paroisse, et en cas d'insuffisance du revenu de la fabrique, à la charge de la commune, conformément au décret du 30 décembre 1809, concernant les fabriques.

Article 10. Cette indemnité, à la charge de la commune ou de la fabrique, est fixée, dans les succursales à 250 francs, dans les cures de deuxième classe à 400 francs ; dans les cures dont le revenu, soit entièrement en biens-fonds, soit avec un supplément pécuniaire, s'élève à 500 francs, à 250 francs ; lorsque le revenu en biens-fonds s'élève de 500 francs à 700 francs, à 300 francs, de 700 à 1,000 francs, à 350 francs, et de 1,000 francs à 1,200 francs à 400 francs.

Article 11. Lorsque le titulaire, absent pour cause de maladie, est curé de première classe, ou que le revenu de sa cure en biens-fonds excède 1,200 francs, l'indemnité du remplaçant sera à sa charge. Cette indemnité est fixée, savoir: dans une cure de première classe, à 700 francs; dans les cures dont la dotation en biens-fonds s'élève plus haut que 1,500 francs jusqu'à 2,000 francs, à 800 francs; et au-dessus de 2,000 francs, à 1,000 francs.

Article 12. L'absence d'un titulaire, pour cause de maladie, sera constatée au moyen d'un acte de notoriété, dressé par le maire de la commune où est située la paroisse.

Article 13. Quelle que soit la cause de l'éloignement du titulaire, lorsque l'indemnité du remplaçant dans les cures dotées en biens-fonds doit être fixée d'après le produit des revenus fonciers, le montant de ce produit sera évalué au moyen d'un acte de notoriété semblable.

Article 14. Toutes les fois que, dans les cures dotées en biens-fonds, par une dérogation autorisée par nous à la loi de germ. an X, l'indemnité du remplacement étant à la charge du titulaire, une partie ou la totalité doit être imputée sur les revenus de la cure, le remplaçant sera créancier privilégié du titulaire, et sur les revenus de la somme qui lui en revient.

Article 15. Lorsqu'un curé ou desservant sera devenu, par son âge ou ses infirmités, dans l'impuissance de remplir seul ses fonctions, il pourra demander un vicaire qui soit à la charge de la fabrique, et en cas d'insuffisance de son revenu, à la charge des habitants, avec le traitement tel qu'il est réglé par l'article 40 du décret du 30 décembre 1809 sur les fabriques (décret du 17 nov. 1811).

Les curés et desservants peuvent avoir un ou plusieurs *vicaires* pour les aider dans leur ministère. Ces auxiliaires sont souvent indispensables, soit à cause de l'étendue ou de la population de la paroisse, soit en raison de l'âge ou des infirmités du desservant ou du curé. Celui-ci demande alors le secours d'un vicaire à l'évêque, à qui appartient le droit de nomination et de révocation. C'est aussi l'évêque diocésain qui fixe le nombre des vicaires sur la délibération des marguilliers et l'avis du conseil municipal (avis qui peut être provoqué par un de ses membres, cons. d'Et., 7 août 1875), à moins que ce dernier ne subventionne pas la fabrique dont les ressources suffisent au traitement vicarial. Ce cas excepté, la décision de l'évêque est adressée au préfet, et le Conseil municipal, sur son invitation, vote ou refuse son concours en motivant son adhésion ou son refus. Le préfet a le pouvoir de vaincre les résistances du Conseil en inscrivant d'office le traitement du vicaire au budget de la commune ; mais s'il appuyait cette résistance, ce serait au gouvernement d'intervenir pour sanctionner l'institution d'un vicariat jugé nécessaire par l'autorité diocésaine (décis. minist., 1861). Ce traitement que le vicaire reçoit de la fabrique ou, à défaut de ressources suffisantes, de la commune, est de 500 francs au plus et de 300 francs au moins (cons. d'Et., 17 avril 1874, 21 mai 1875). Il court du jour de l'installation du vicaire, constatée par le bureau des marguilliers (ordon., 19 mars 1832) et s'accroît (cons. d'Et., 22 mai 1874) d'une indemnité de 450 francs sur le budget de l'Etat (décrets des 30 juillet 1870 et 23 mars 1872 ; loi des finances de 1881) dans les paroisses au-dessous de cinq mille âmes. Il y a actuellement 9,364 vicaires qui reçoivent cette indemnité fondée sur l'ordonnance royale du 5 juin 1816. Remarquons qu'il n'est pas dû de logement aux vicaires qui habitent où bon leur semble quand l'évêque ne leur impose pas la cohabitation ou la commensalité chez le curé. Le traitement des vicaires s'augmente encore des honoraires attachés aux annuels et d'une allocation de 350 francs sur le budget de l'Etat quand ils desservent une église érigée en chapelle vicariale.

Article 31. Les annuels auxquels les fondateurs ont attaché des honoraires, et généralement tous les annuels emportant une rétribution quelconque, seront donnés de préférence aux vicaires, et ne pourront être acquittés qu'à leur défaut par les prêtres habitués ou autres ecclésiastiques, à moins qu'il n'en eût été autrement ordonné par les fondateurs.

Article 38. Le nombre de prêtres et de vicaires habitués à chaque église sera fixé par l'évêque, après que les marguilliers en auront délibéré et que le conseil municipal de la commune aura donné son avis.

Article 39. Si dans le cas de la nécessité d'un vicaire, reconnu par l'évêque, la fabrique n'est pas en état de payer le traitement, la décision épiscopale devra être adressée au préfet, et il sera procédé ainsi qu'il est expliqué à l'article 49, concernant les autres dépenses de la célébration du culte, pour lesquelles les communes suppléent à l'insuffisance des revenus des fabriques.

Article 40. Le traitement des vicaires sera de 500 francs au plus et de 300 francs au moins (décret du 30 décembre 1809, *concernant les fabriques*).

La loi des finances du 29 décembre 1876 exige que le mandat de paiement du traitement des desservants et des vicaires soit accompagné d'un certificat d'identité émanant de l'autorité diocésaine et d'un certificat de résidence délivré sans frais par le maire de la commune et visé par le sous-préfet et par le préfet (art. 13). Elle ordonne ensuite que le gouvernement fasse une enquête administrative pour constater si les desservants et les vicaires résident et exercent de fait dans la commune à laquelle les attache leur titre de nomination (art. 14). Ces dispositions ont donné lieu à une circulaire ministérielle qui en règle l'interprétation et l'exécution de la manière suivante : 1° l'article 13 s'applique aux curés ; 2° le certificat d'identité ou d'exercice de fonctions sera délivré par l'autorité ecclésiastique au pied des états de situation du personnel du clergé qu'elle adresse vers la fin de chaque trimestre à la préfecture ; 3° un extrait de ce certificat collectif sera délivré par la préfecture et joint à chaque mandat de paiement ; 4° le certificat individuel de résidence sera délivré sans frais et d'office par le maire de la commune et envoyé au sous-préfet le 1er des mois de mars, juin, septembre et décembre ; 5° les sous-préfets viseront les certificats et les adresseront à la préfecture le 5 de chacun de ces mêmes mois ; 6° les préfets viseront les certificats et les joindront aux mandats de paiement, lorsqu'ils adresseront ces mandats au trésorier-payeur général, chargé de les viser pour le paiement ; 7° en cas d'omission de la part des maires, ou de refus non motivé de délivrer les certificats, les préfets y suppléeront conformément aux dis-

positions de l'article 15 de la loi du 18 juillet 1837 ;
8° ces certificats pourront être suppléés par une
expédition des autorisations de congé accordé dans
les formes prescrites par l'article 4 de l'ordonnance
du 13 mars 1832 ou des arrêtés ministériels approu-
vant des dispenses de résidence exceptionnellement
accordées aux titulaires ecclésiastiques. La circulaire du 24 février 1877 rappelle en outre les dispositions des circulaires des 12 mai 1868 et 10 avril
1876 invitant les secrétariats des archevêchés et
évêchés à fournir les états de situation du clergé
dix jours avant l'échéance trimestrielle. Ces pièces
produites, les préfets doivent arrêter les bordereaux des sommes à payer et les mandats indi-
viduels qui y sont annexés; ils remettent le tout
au trésorier-payeur général, qui, dans les vingt-
quatre heures, renvoie les mandats revêtus de son
visa pour *bon à payer*. Les préfets les adressent
aux parties prenantes avant le 5 du mois qui
suit l'échéance trimestrielle, et celles-ci, sur la
présentation de leur mandat, reçoivent leur traitement du receveur particulier de l'arrondissement
ou du percepteur de la commune. Une nouvelle
circulaire du 26 juin 1881 invite les préfets à
appliquer aux chanoines les dispositions de la loi
de 1876.

Quand une succursale est vacante, c'est-à-dire
dépourvue de titulaires payés, l'évêque autorise le
desservant d'une paroisse voisine, le curé ou le

vicaire du curé, à *biner* dans cette succursale. Le double ministère qui consiste à dire la messe le dimanche, à faire des instructions, à visiter les malades et à administrer les sacrements, assure au prêtre qui le remplit une indemnité annuelle de 200 francs accordée sur les fonds de l'Etat (1) (ordonnance du 6 novembre 1814). Mais pour qu'elle soit due, il faut : 1° qu'il s'agisse d'une succursale proprement dite, et non pas seulement d'une chapelle vicariale dont le service, à défaut de titulaire résidant, ne pourrait être assuré qu'au moyen d'une allocation fixée à l'amiable, sous le contrôle de l'évêque, entre les habitants et l'ecclésiastique qui en serait chargé; 2° que la vacance soit complète et ne consiste pas seulement en une absence prolongée. Il y aurait néanmoins binage, si le desservant âgé et infirme, ne pouvant obtenir un vicaire en titre par défaut de prêtre, était aidé comme il vient d'être dit; 3° que le double service soit fait par le desservant lui-même, le curé ou le vicaire du curé, à l'exclusion du vicaire du desservant. Ce dernier serait censé n'agir qu'au nom du desservant lui-même, qui seul pourrait être porté sur l'état. En outre, un ecclésiastique autorisé à biner n'a jamais droit à une double indemnité, quand même il desservirait deux succursales vacantes. Tous les six mois, les curés ou desservants de canton délivrent des certificats sur la durée et la

---

(1) Il y a actuellement 1,028 ecclésiastiques qui reçoivent cette indemnité.

réalité du binage. Ils sont joints à l'état que l'évêque adresse au préfet et annexés aux mandats de paiement, comme pièces justificatives. Le préfet qui délivre ces mandats est toujours celui du département où le binage a lieu, alors même que l'ecclésiastique binerait dans un autre département que le sien (inst. minist., 1823, 1827, 1833 ; décis. minist., 1843, 1857, 1869).

Un autre avantage attaché au binage découle de l'obligation imposée aux communes pourvues de presbytères de mettre ces habitations à la disposition des desservants, curés ou vicaires de curés qui viennent remplir chez elles leur double ministère. Mais à défaut de maison curiale, aucune indemnité de logement n'est exigée des communes, et les ecclésiastiques sus-nommés ne seraient pas fondés à réclamer. Le binage donne également droit au casuel.

Article 2. Les curés ou leurs vicaires, ainsi que les desservants autorisés par leur évêque à biner dans les succursales vacantes, ont droit à la jouissance des presbytères et dépendances de ces succursales, tant qu'ils exercent régulièrement ce double service ; ils ne peuvent en louer tout ou partie qu'avec l'autorisation de l'évêque (*ordonnance royale relative aux presbytères du 3 mars 1825.*)

Louis, etc.... d'après la connaissance qui nous a été donnée des services que rendent à des paroisses vacantes des desservants déjà titulaires d'une autre paroisse, voulant reconnaître le dévouement qui porte ces ecclésiastiques, la plupart âgés et infirmes, à s'exposer à de nouvelles fatigues pour le bien de la religion ; sur le rapport de notre Ministre de l'intérieur, etc....

Article 1er. Un supplément de traitement de 200 francs par an sera payé à chaque desservant que son évêque aura chargé provisoirement du service de deux succursales, à défaut du desservant en exercice dans l'une d'elles, et ce autant que durera le double service.

Article 2. Ce supplément sera imputé sur les crédits ouverts à notre ministre secrétaire d'Etat de l'intérieur pour les dépenses du clergé *(ordonnance du 6 novembre 1814)*.

Quand une commune n'est pas assez importante pour motiver la création d'une succursale, soit à cause de l'infériorité ou de l'éparpillement de sa population, soit à cause de l'insuffisance de sa participation aux contributions publiques (circ. minis., 9 novembre 1819), elle peut obtenir une *chapelle* que desservira un vicaire de la cure ou de la succursale, ou un *chapelain* particulier domicilié dans la commune, ou même un prêtre occupant un autre emploi dans le voisinage. Le vicaire touche à cet effet 350 francs sur le trésor public (ordonnance des 25 août 1819 et 3 janvier 1830), mais le traitement du chapelain est à la charge de la commune. Celle-ci doit leur procurer un presbytère ou une indemnité de logement ; en retour, elle est dispensée de contribuer aux frais du culte de l'église chef-lieu de la succursale ou de la cure (avis du cons. d'Et., 14 avril 1810, 26 avril 1837).

La chapelle étant sous la surveillance du desservant ou du curé, on peut dire qu'elle dépend de la succursale ou de la cure dans le territoire de laquelle elle se trouve. Mais sous d'autres rapports et principalement en ce qui concerne son administration temporelle, elle est indépendante, et sa fabrique a toute liberté pour acquérir et posséder, pour accomplir à son profit les actes de la vie civile d'après les règles écrites dans la loi. Au contraire, l'*annexe*, qui est une chapelle où la célébration publique du culte est autorisée sur la demande de souscripteurs particuliers, est une dépendance beaucoup plus étroite de la succursale ou de la cure. N'ayant point de territoire propre, elle fait partie d'une paroisse et ne dispense pas la commune ou la section de commune où elle est établie de concourir aux frais du culte paroissial (avis du cons. d'Et., 14 décembre 1810, 12 novembre 1840). Elle n'a point de fabrique et n'est pas apte à posséder. Ses droits ne portent absolument que sur la jouissance du presbytère et de la chapelle, et les revenus des dons et fondations faits à son profit. C'est la fabrique de la paroisse qui accepte, administre et retient la nue propriété (avis du cons. d'Et., 28 décembre 1819 ; ordonnance du 19 janvier 1820).

Article 8. Dans les paroisses ou succursales trop étendues et lorsque la difficulté des communications l'exigera, il pourra être établi des chapelles.

Article 9. L'établissement de ces chapelles devra être préalablement provoqué par une délibération du conseil général de la commune dûment autorisé à s'assembler à cet effet, et qui contiendra l'engagement de doter le chapelain.

Article 10. La somme qui sera proposée pour servir de traitement à ce chapelain sera énoncée dans la délibération, et après que nous aurons autorisé l'établissement de la chapelle, le préfet arrêtera et rendra exécutoire le rôle de répartition de ladite somme.

Article 11. Il pourra également être érigé une annexe, sur la demande des principaux contribuables d'une commune, et sur l'obligation personnelle qu'ils souscriraient de payer le vicaire, laquelle sera rendue exécutoire par l'homologation et à la diligence du préfet, après l'érection de l'annexe.

Article 12. Expéditions desdites délibérations, demandes, engagements, obligations seront adressés au préfet du département et à l'évêque diocésain, lesquels, après s'être concertés, adresseront chacun leur avis sur l'érection de l'annexe à notre Ministre des cultes, qui nous en fera rapport.

Article 13. Les chapelles ou annexes dépendront des cures ou succursales dans l'arrondissement desquelles elles seront placées. Elles seront sous la surveillance des curés ou desservants, et le prêtre qui y sera attaché, n'exercera qu'en qualité de vicaire ou de chapelain (*décret du* 30 *septembre* 1807).

Des circulaires ministérielles ont énuméré les pièces à produire pour obtenir l'érection d'une chapelle ou d'une annexe ; ce sont pour la première :
1° une délibération du conseil municipal indiquant les motifs de l'établissement de la chapelle, le traitement du chapelain, l'engagement de construire la chapelle et le presbytère, ou de pourvoir même par imposition extraordinaire à l'entretien de la

chapelle et du presbytère existant; 2° le budget de la commune et un inventaire des vases sacrés, linges et ornements existant dans la chapelle; 3° un état certifié par le sous-préfet de la population demanderesse et de la commune, chef-lieu de la paroisse; 4° un certificat de percepteur constatant le montant des contributions payées par la commune demanderesse et des impositions extraordinaires s'il y en a; 5° un autre certificat émanant de l'ingénieur des ponts-et-chaussées sur la difficulté des communications; 6° une enquête *de commodo et incommodo* faite sans frais par le juge de paix ou par le maire d'une commune voisine délégué par le sous-préfet; 7° une déclaration du conseil municipal chef-lieu, qui donne son avis sur l'établissement de la chapelle; 8° le projet de la circonscription; 9° l'avis motivé de l'évêque; 10° celui du préfet. Enfin le Ministre des cultes, de concert avec le Ministre de l'intérieur et le conseil d'Etat délibérant, fait son rapport sur le vu de ces pièces, et le chef de l'Etat statue, s'il y a lieu, par décret (circ. minist. des 11 mars 1809, 4 juillet 1810, 11 octobre 1811 et 23 août 1833; avis du cons. d'Et. des 31 juillet et 4 novembre 1835). Les pièces à produire pour l'érection d'une annexe sont à peu près les mêmes. Il y a : 1° la pétition adressée à l'évêque, indiquant les motifs de l'établissement, la difficulté des communications et la distance de l'église paroissiale aux points éloignés de la commune, section de commune ou de hameau; 2° le rôle des souscriptions volontaires dressé en triple expédition , signé par les souscripteurs qui doivent s'engager pour trois ans au moins et engagent leurs héritiers conformément au droit commun ; 3° l'état des rôles des contributions des souscripteurs destiné à prouver que l'engagement pris par eux de subvenir à tous les frais de l'annexe, n'est pas supérieur à leurs moyens ; 4° l'inventaire des meubles, linges et ornements existant dans la chapelle, les souscripteurs pouvant se réserver la propriété du mobilier à acheter ; 5° une enquête *de commodo et incommodo;* 6° le certificat de la population ; 7° celui de l'ingénieur ; 8° l'indication du territoire ; 9° les avis de l'évêque et du préfet; 10° le rapport du Ministre après lequel intervient le décret.

Les *chapelles de secours,* quoique affectées au service public du culte, ne grèvent d'aucune charge légale, ni les fabriques, ni les communes (avis du cons. d'Et. du 5 janvier 1869). Elles doivent être autorisées par décret, ainsi formulé : « L'exercice du culte est autorisé dans l'église de ..., qui prendra le titre de chapelle de secours, » et sont administrées, pour le spirituel, par le curé ou desservant de la cure ou succursale de laquelle elles dépendent, et, pour le temporel, par la fabrique du même lieu. Celle-ci acquiert les dons et legs qui sont faits à la chapelle, sauf à exécuter l'emploi prescrit au testament. Elles ne sont, en un mot, que le prolongement de l'église paroissiale. Leur établissement suppose la production des pièces suivantes :

1° l'engagement du conseil de fabrique d'administrer la chapelle ; 2° l'avis du conseil municipal sur la nécessité de l'érection et son engagement à suppléer à l'insuffisance des ressources de la chapelle et de la fabrique ; 3° l'état des recettes et des dépenses présumées de la chapelle ; 4° les comptes et budgets de la fabrique pour les trois dernières années ; 5° l'état de la population intéressée ; 6° un certificat de l'ingénieur ou d'un agent-voyer indiquant les distances et l'état des communications. Les pièces sont adressées au sous-préfet et passent successivement à la préfecture, à l'évêché, au ministère des cultes, devant le chef de l'Etat (cons. d'Et., avis du 6 novembre 1813 ; circ. minist., 8 octobre 1880). Remarquons qu'aucun édifice ne peut être érigé en chapelle de secours, s'il n'est pas la propriété de la fabrique ou de la commune (cons. d'Et., 11 juillet 1861).

Les *oratoires particuliers* et les *chapelles domestiques* sont d'autres lieux où le culte est célébré sous la surveillance de l'évêque et du curé de la paroisse, mais qui ne relèvent d'aucune fabrique et sont exclusivement réservés aux personnes de la maison ou de l'établissement auxquels ces oratoires sont attachés (déc. minis., 25 février 1819). Il a été jugé que les offrandes déposées dans le tronc d'une chapelle privée ne pouvaient être revendiquées par la fabrique de la paroisse, si le droit de les recueillir ne lui avait pas été reconnu par le propriétaire comme étant la condition imposée par l'autorité diocésaine à l'ouverture de la chapelle (trib. civil de Corbeil, 12 avril 1877). Pour obtenir l'autorisation définitive (1) d'ériger un oratoire ou chapelle domestique, autorisation qui, d'après l'article 44 de la loi de germinal, doit émaner du chef de l'Etat, il faut avant tout s'adresser à l'évêque qui se chargera de faire la demande.

Cet article 44, rédigé dans le but d'atteindre la clandestinité du culte et surtout les anciens rassemblements des anticoncordataires, laisse en dehors de ses termes formels les *chapelles publiques* ouvertes à tous les fidèles avec la permission de l'évêque, et l'on ne saurait en tirer un argument favorable au droit que s'arroge aujourd'hui le gouvernement de fermer les chapelles ouvertes aux fidèles, faute d'un décret d'autorisation (2). On ne se fonderait pas avec plus de raison sur le décret transitoire du 22 décembre 1812, qui n'a jamais eu force de loi. Il contenait cette disposition : *Les demandes d'ora-*

(1) Des permissions provisoires peuvent être accordées par l'autorité municipale, conformément aux prévisions de l'article 294 du Code pénal ainsi conçu : « Tout individu qui, sans la permission de l'autorité municipale, aura accordé ou consenti l'usage de sa maison ou de son appartement en tout ou en partie pour l'exercice d'un culte, sera puni d'une amende de 16 à 200 francs. » Sur l'application de cet article, voir Arrêt de la cour de Dijon des 26 août et 30 décembre 1874. En cas de refus de la part du maire, un recours est ouvert devant l'autorité administrative.

(2) Cette distinction n'a pas été faite par le Ministre de l'intérieur dans la circulaire du 8 octobre 1880, animée d'ailleurs du même esprit d'intolérance qui produisit le décret impérial de 1812.

*toires particuliers pour les hospices, les prisons,
les maisons de détention et de travail, les écoles
secondaires ecclésiastiques, les congrégations religieuses, les lycées et les collèges, et des chapelles
et oratoires domestiques, à la ville ou à la campagne pour les individus ou les grands établisse-
sements de fabriques et manufactures, seront
accordées par nous, en notre conseil, sur la
demande des évêques. A ces demandes seront
jointes les délibérations prises, à cet effet, par
les administrations des établissements publics, et
l'avis des maires et des préfets* (art. 2). Or parmi
tant de chapelles aujourd'hui existantes, aucune ou
presque aucune depuis soixante-dix ans n'a sollicité
le décret d'autorisation, et personne n'a jamais
songé, sous les divers régimes politiques qui se
sont succédé, à contester cette longue et paisible
possession souvent inaugurée en présence des autorités administratives et gouvernementales. Cependant, si le décret de 1812 ne devait pas être
regardé comme une mesure passagère, l'existence
comme la fondation des chapelles d'hospices, de
prisons, de petits séminaires, de collèges, de pensionnats, de congrégations, seraient assurément
illégales, et le concours apporté par ces fonctionnaires aurait constitué une incessante illégalité.
Mais il suffit de lire l'article 8 du décret pour se
convaincre qu'il n'était applicable qu'à l'époque de
sa rédaction et qu'il manque de sanction pour
l'avenir, qu'il n'autorise pas les préfets à fermer

aujourd'hui les chapelles non autorisées, et que, par conséquent, l'autorité judiciaire est compétente pour statuer sur la demande en main levée des scellés (Avignon et Grenoble, 6 et 10 juillet 1880) et en réintégration formée par les propriétaires de ces chapelles. Voici la teneur de l'article 8 : « Tous les oratoires ou chapelles où le propriétaire voudrait faire exercer le culte et pour lesquels il ne présenterait pas, *dans le délai de six mois* (prorogé de quatre mois par le décret du 26 juin 1813), l'autorisation énoncée dans l'article 1, seront fermés, à la diligence de nos procureurs près nos cours et tribunaux, et des préfets, maires et autres officiers de police » (1). Cependant, malgré la clarté des textes et l'évidence des principes, des décisions contraires ont été rendues en grand nombre, et le lecteur regrettera les hésitations de la jurisprudence dans cette importante question.

Article 1er. Les chapelles domestiques et oratoires particuliers, dont il est fait mention en l'article 44 de la loi du 18 germ. an X, et qui n'ont pas encore été autorisés par un décret impérial aux termes dudit article, ne seront autorisés que conformément aux dispositions suivantes.

Article 3. Les pensionnats pour les jeunes filles et pour les jeunes garçons pourront également, et dans les mêmes formes, obtenir un oratoire particulier, lorsqu'il s'y trouvera un nombre suffisant d'élèves et qu'il y aura d'autres motifs déterminants.

(1) Voir les observations de l'évêque d'Angers sur la situation légale des chapelles dites non autorisées, communiquées à la presse le 12 octobre 1880.

Article 4. Les évêques ne consacreront *(cette consécration n'existe pas en pratique et en droit canon)* les chapelles ou oratoires que sur la représentation de notre décret.

Article 5. Aucune chapelle ou oratoire ne pourra subsister dans les villes que pour causes graves, et pour la durée de la vie de la personne qui aura obtenu la permission.

Article 6. Les particuliers qui auront des chapelles à la campagne ne pourront y faire célébrer l'office que par des prêtres autorisés par l'évêque, qui n'accordera la permission qu'autant qu'il jugerait pouvoir le faire sans nuire au service curial de son diocèse.

Article 7. Les chapelains des chapelles rurales ne pourront administrer les sacrements qu'autant qu'ils auront les pouvoirs spéciaux de l'évêque, et sous l'autorité et la surveillance du curé *(décret du 22 décembre 1812)*.

Outre les curés, les desservants, les vicaires et les chapelains, des *aumôniers* sont chargés du service religieux dans certains établissements publics. L'évêque diocésain, de concert avec le Ministre de l'instruction publique, nomme ceux des lycées et collèges (ordonnance, 8 avril 1824, art. 2). Il y exerce par un délégué son droit de surveillance sur les chapelles et sur l'enseignement de ces aumôniers (arrêté du 29 août 1852) qui jouissent du traitement fixe des professeurs de premier ordre, subissent la retenue du vingtième et reçoivent une retraite (ordonnance, 16 juillet 1831; arrêté, 11 décembre 1846). Ceux des écoles normales primaires sont divisés en trois classes par le décret du 1er avril 1872, qui fixe leurs traitements entre 500 et 2000 francs. Le traitement de l'aumônier de l'Ecole normale supérieure est de 4000 francs (1). Les aumôniers des hospices sont nommés par les évêques sur la présentation de trois candidats par la commission administrative (ordonnance , 31 octobre 1821 , art. 18). Leur traitement est réglé par le préfet avec l'approbation du Ministre de l'interieur, et les conditions de leur retraite sont tracées , du moins pour les aumôniers des hospices de Paris, par le décret du 7 février 1809. Les aumôniers des prisons sont nommés par les préfets sur la présentation des chefs de service (décret, 13 avril 1861 , art. 5). D'après le règlement des prisons du 30 octobre 1841 , l'aumônier célèbre la messe les dimanches et fêtes; et fait une fois par semaine une instruction religieuse ou le catéchisme aux heures fixées par les règlements particuliers. Il choisit, parmi les détenus, d'accord avec le directeur, les servants de la chapelle , visite les prisonniers deux fois la semaine, les infirmiers et les malades. Il est informé des décès et appelé à inscrire ses observations sur le compte moral ouvert à chaque dé - tenu (art 50 , 51 , 52 , 53 , 117 , 122). Un décret du 11 août 1864 fixe le traitement des aumôniers des maisons centrales, de force et de correction d'après la classe à laquelle ils appartiennent : pour la pre-

(1) Ce crédit sera probablement supprimé au budget de 1882. La Chambre des députés (séance du 9 juillet 1881) en a voté la suppression et le Sénat semble devoir la consacrer. Cependant Mgr Freppel a fait remarquer à la Chambre la nécessité de l'aumônerie dans une école qui forme des maîtres pour la jeunesse.

mière classe, 2000 francs; pour la deuxième,
1,800 francs; pour la troisième, 1,500 francs. Les
traitements des aumôniers, des pénitenciers agri-
coles sont également de 1,500 à 2,000 francs;
celui de l'aumônier du dépôt de forçats est de
800 francs; les traitements des aumôniers des maisons d'arrêt, de justice et de correction sont de
300 à 2,400 francs dans le département de la Seine,
et de 200 à 2,000 francs dans les autres départements. Ceux des aumôniers des établissements publics de jeunes détenus sont de 1,500 à 2,000
francs. Dans l'Algérie, le traitement des aumôniers
des maisons centrales de force et de correction et
du pénitencier agricole est de 500 francs; celui
des aumôniers des maisons d'arrêt de justice et
de correction est de 600 francs (loi de finances
de 1881).

Des vicaires aumôniers des dernières prières
sont attachés à chacun des cimetières de Paris, en
vertu du décret du 21 mars 1852 et sont chargés
de recevoir gratuitement, sur la demande des familles, les corps non accompagnés par le clergé,
de les conduire jusqu'à la tombe et de réciter les
dernières prières de l'Eglise. Ils sont au nombre de
neuf et reçoivent un traitement de 1,200 francs.
L'aumônier ou le chapelain, chargé de desservir la
chapelle funéraire de Marseille, reçoit 3,000 francs
de traitement. Il a été institué par décret du
11 août 1859 pour honorer la mémoire des officiers
et soldats morts au service de la France.

Les aumôniers de la marine sont régis par le décret du 31 mars 1852.

Article 1er. Un aumônier sera placé à bord de tout bâtiment portant pavillon d'officier général ou guidon de chef de division navale. Il sera également embarqué un aumônier à bord des navires distinés à une expédition de guerre. Il pourra en être placé sur tout bâtiment appelé soit à exécuter une longue campagne, soit à remplir une mission exceptionnelle.

Article 2. Les aumôniers embarqués jouiront d'un traitement annuel de 2,000 ou 2,500 francs, selon l'importance de leur service. Ils seront admis à la table de l'officier général ou du commandant.

Article 3. Il sera créé un emploi d'aumônier en chef de la flotte chargé, près du Ministre, de la direction et de la centralisation du service religieux à la mer. Son traitement est fixé à la somme de 6,000 francs, indemnité de logement et frais de bureau compris.

Article 4. L'aumônier en chef s'entendra avec les évêques pour le choix des ecclésiastiques destinés à être embarqués sur la flotte. Il les désignera ensuite au Ministre de la marine.

Article 5. Les aumôniers de mer continueront à recevoir leurs pouvoirs spirituels de l'évêque du diocèse auquel ressortit leur port d'embarquement.

Article 6. L'aumônier en chef leur adressera des instructions au moment où ils arriveront à bord, et même en campagne s'il y a lieu.

Article 7. Tous les trois mois, chaque aumônier embarqué adressera à l'aumônier en chef un rapport sur l'ensemble du service.

Article 8. Tout aumônier qui comptera plus de trois années d'embarquement consécutives pourra être placé en disponibilité pendant un an. Chaque nouvelle période d'embarquement de trois ans ouvrira droit à la même faculté.

Article 9. Le traitement de disponibilité des aumôniers de mer est fixé à la somme annuelle de 1,200 francs (*décret du* 31 *mars* 1852).

D'après la loi du 26 juin 1866 (art. 3), le droit à la pension de retraite demeure acquis aux aumôniers de la flotte d'après les dispositions de l'article 1 de la loi du 18 avril 1831. Toutefois, ils auront droit à ladite pension à vingt et un ans de services effectifs, s'ils comptent douze ans de navigation sur les bâtiments de l'Etat.

Budget de l'aumônerie de la marine pour 1881.

(Ordonnance du 6 décembre 1845,
décrets des 31 mars 1852 et 5 mars 1863.)

Effectif.

à terre	à la mer		à terre	à la mer
8	16	solde à terre, 2, 501 fr. 0, 5 c.	20,008	48,505
Traitements temporaires (non-activité, réforme).			19,620	
Indemnité de logement des aumôniers à terre.			2,880	
Supplément d'ancienneté aux aumôniers réunissant douze années de service.			531	
Indemnité de rassemblement. . .			600	
Frais de bureau d'un aumônier. .			30	
Allocation pour le pain et le vin aux aumôniers embarqués.			. .	2,880

L'aumônerie militaire a été successivement ré-

glementée par l'ordonnance du 1ᵉʳ octobre 1814,
par celle du 10 novembre 1830, par le décret du
14 février 1866, la loi du 3 juin 1874 et la loi du
8 juillet 1880 qui a abrogé la précédente.

Article 1ᵉʳ. La loi du 3 juin 1874 sur l'aumônerie militaire est abrogée.

Article 2. Il sera attaché des ministres des différents cultes aux camps, forts détachés et garnisons,
comprenant un rassemblement de deux mille hommes au
moins, et éloigné des églises paroissiales et des temples
de plus de trois kilomètres, ainsi qu'aux hôpitaux et
pénitenciers militaires.

Article 3. En cas de mobilisation, des ministres des
différents cultes seront attachés aux armées, corps
d'armée et divisions en campagne, mais sans aucune
distinction hiérarchique. Un règlement d'administration
publique déterminera le mode de recrutement et le
nombre de ces ministres.

Dans la discussion de cette loi répréhensible, le
ministre de la guerre a déclaré que les aumôniers
des écoles militaires n'étaient point touchés par la
loi, qu'il respecterait l'aumônerie de Vincennes et
appliquerait la loi *avec la plus extrême bienveil-
lance*. En ce qui regarde les aumôniers d'Afrique,
l'armée y étant toujours en état de mobilisation, ils
entrent dans le cas prévu par l'article 3. Les aumôniers demeurent sous la juridiction des évêques
diocésains. Leur nombre et leur traitement sont
déterminés de la manière suivante par le budget
de 1881 :

1° Aumôniers d'hôpitaux.

Intérieur	Algérie		Intérieur	Algérie
3		1re classe à 2,376 fr.	7,128	
7	3	2o classe à 2,016 fr.		
9		3o classe à 1,728 fr.		
9	1	4o classe à 1,440 fr.		
4	3	5o classe à 1,116 fr.		
		Deux aumôniers à traitement spécial à 2,000.		
		Indemnités de résidence :		
		1o A Paris, 6 aumôniers de 1re et 2o classe à 918 fr.		
		2o En Algérie , 7 aumôniers à 378 fr.		
		3o Succursalistes en Algérie, indemnités diverses, 9,860		
		Total. . . .	63,724	23,342

2° Aumôniers de garnison.

Intérieur	Algérie		Intérieur	Algérie
11	5	Aumôniers titulaires à 2,376 fr.		
		Indemnités de résidence :		
		A Paris, 5 aumôniers à 918 fr.		
		En Algérie , 5 aumôniers à 378 fr.		
		Indemnités aux aumôniers auxiliaires (170 à 252 fr), 5 chevaux d'aumôniers.		
		Total. . . .	63,486	23,850
		Total des §§ 1 et 2. . .	127,210	47,192
43	12	A déduire à l'intérieur, 1 1/2 pour 0/0 sur la solde 3 pour 0/0 sur les indemnités de résidence.		
		En Algérie, 1 pour 0/0 sur la solde, 2 pour 0/0 sur l'indemnité de résidence pour congés, vacances, etc.	2,550	717
		Reste. . . .	124,660	46,475
		Indemnité pour rassemblement aux aumôneries de garnisons et d'hôpitaux. .	3,024	
		Total général. . . .	127,684	46,475

Indépendamment des aumôniers titulaires, 170 aumôniers auxiliaires, dont 130 à l'intérieur et 40 en Algérie, concourent au service religieux de l'armée.

Enfin, pour achever la hiérarchie ecclésiastique, il faut citer les *séminaires diocésains* où les apirants au sacerdoce sont formés par des directeurs et professeurs nommés par l'évêque (décret du 17 mars 1808, art. 3). L'Etat leur affecte des bourses (400 francs dans les départements et 800 francs à Paris) et des demi-bourses en vertu des décrets et ordonnances des 30 septembre 1807, 5 juin 1816, 8 mai 1826, 6 juillet 1831. La loi des finances de 1881 en fixe le montant à 957,200 francs pour Paris et les départements, et porte à 80,000 francs les dépenses des séminaires des diocèses de l'Algérie. Ces bourses sont accordées par le chef de l'Etat sur la présentation de l'évêque ; elles sont acquittées à partir du jour du décret de nomination pour les élèves présents au séminaire et pour les autres, à partir du jour de leur entrée. Le montant en est mandaté pour chaque trimestre au nom du trésorier du séminaire, sur le vu d'un état nominatif certifié par l'évêque, constatant l'entrée et la continuation d'étude de chaque boursier (ordonn., 2 novembre 1835, art. 1, 2 et 3). Le règlement de comptabilité du 31 décembre 1841, n° 196, exige encore que les préfets qui reçoivent expédition des décrets de nominations s'assurent que les états de présence fournis par les séminaires pour le paiement sont conformes à ces décrets. — L'Etat accorde des secours pour les travaux d'entretiens et de grosses réparations de leurs édifices, et les départements accordent des subventions.

A quelques églises métropolitaines (Paris, Lyon, Bordeaux, Aix, Rouen) sont attachées des facultés de théologie composées de trois professeurs au moins, docteurs en théologie, nommés aujourd'hui par le chef de l'Etat sur la proposition de l'archevêque, et chargés d'enseigner l'histoire ecclésiastique, le dogme et la morale évangélique. A Paris, la faculté de théologie installée à la Sorbonne comprend sept chaires (dogme, Ecriture sainte, histoire ecclésiastique, droit ecclésiastique, hébreu, éloquence sacrée, morale évangélique). A leur tête est un doyen. Elles confèrent les grades de bachelier, de licencié et de docteur, le grade de bachelier même aux élèves des séminaires situés hors des chefs-lieux des facultés de théologie, sur la présentation d'un certificat constatant qu'ils ont étudié pendant trois ans dans un séminaire (décret du 17 mars 1808. Ordonn. du 25 décembre 1830). Au reste, aucun grade n'est exigé aujourd'hui pour être évêque, curé ou chanoine, et le Saint-Siège n'a point conféré l'institution canonique à ces facultés dépendantes du gouvernement par la nomination des professeurs. Le costume du personnel est réglé par le décret du 22 novembre 1863. Le traitement des professeurs s'élève, à Paris, de 5,500 francs à 6,500 francs, et dans les départements, de 3,500 à 5,500 francs. Les doyens reçoivent un supplément de 1,000 francs, sauf à Paris, où il est de 3,000 francs. Les traitements des secrétaires et appariteurs sont de 3,000 francs, 1,000 francs, et de

600 à 700 francs (budget de l'instruction publique
1881).

De même que des bourses sont affectées à l'instruction des séminaristes, des secours sont accordés aux
ecclésiastiques contraints par l'âge et les infirmités
à résigner leurs fonctions. Comme on verra plus
loin, un sixième du prix de location des chaises des
églises est prélevé à leur profit. En second lieu,
l'Etat a créé une caisse générale de retraite dont le
service est assuré par le prélèvement annuel sur le
chapitre des secours personnels d'une somme fixée
à 400,000 francs par le décret du 9 janvier 1854.
En troisième lieu, des secours sont accordés aux
prêtres âgés et infirmes sans fonctions, et, acciden-
tellement, aux prêtres en activité. Enfin, comme
on l'a vu, les anciens vicaires généraux reçoivent
des pensions. Ces secours figurent au budget de 1881
pour les sommes de 397,000 francs, de 60,000 et
de 40,000 francs.

Article 1er. Notre Ministre des cultes pourra accorder
sur l'avis de l'évêque diocésain des pensions aux prêtres
âgés ou infirmes entrés dans les ordres religieux depuis
plus de trente ans.
Article 2. Ces pensions seront servies par une caisse
générale de retraite dont les ressources se composent :
1° d'une subvention prélevée annuellement sur le chapitre 8 du budget des cultes ; 2° de la subvention de cinq
millions accordée par le décret du 22 janvier 1852 ; 3° des
produits des dons et legs que la caisse sera autorisée
à accepter après avis du conseil d'Etat (*décret du
28 juin 1853*).

Les pensions dont il est parlé dans le décret varient entre 200 et 600 francs, et les pièces à produire pour les obtenir sont : 1° une demande indiquant les nom, prénoms, qualité et adresse du postulant ; 2° son acte de naissance ; 3° un certificat de l'évêque constatant ses titres ; 4° l'avis motivé de l'évêque. La caisse subventionne, outre les prêtres désignés, les anciens vicaires généraux, les anciens prêtres sans fonctions, les anciennes religieuses (circ. minis., 28 juin 1853).

Cette matière a donné lieu à la circulaire inconvenante du 2 mars 1881 que la direction des cultes a adressée aux évêques sous un prétexte de sollicitude pour les prêtres du clergé paroissial.

DES FABRIQUES

La fabrique est un conseil établi près des églises paroissiales pour en administrer les biens et agir en leur nom. Elle se compose de deux éléments, d'un conseil et d'un bureau réglementés par le décret du 30 décembre 1809 (1).

Article 1er. — Les fabriques dont l'article 76 de la loi du 18 germinal an X a ordonné l'établissement sont chargées de veiller à l'entretien et à la conservation des temples; d'administrer les aumônes et les biens, rentes et perceptions autorisés par les lois et règlements, les sommes supplémentaires fournies par les communes et généralement tous les fonds qui sont affectés à l'exercice du culte; afin d'assurer cet exercice et le maintien de sa dignité dans les églises auxquelles elles sont attachées, soit en réglant les dépenses qui y sont nécessaires, soit en assurant les moyens d'y pourvoir.

Article 2. — Chaque fabrique sera composée d'un conseil et d'un bureau de marguilliers.

Il faut remarquer l'attribution faite aux fabriques de l'administration des aumônes et reconnaître leur

(1) Je passe sous silence la proposition de loi ayant pour objet la modification des articles 3, 4, 6, 7, 8, 9, 10, 13, 18, 19 et 104 de ce décret et présentée par M. Labuze à la Chambre des députés, le 14 juin 1879.

aptitude à recueillir les libéralités ayant une destination charitable. D'après l'avis du conseil d'Etat du 6 mars 1873, la fabrique pouvait être autorisée à accepter seule, et sans l'intervention du maire ou du Bureau de bienfaisance, des sommes destinées à être distribuées aux pauvres par les soins des membres de la fabrique ou du curé. S'il s'agissait d'une fondation destinée à demeurer perpétuelle et dont les revenus seuls devaient être distribués, il convenait, tout en autorisant la fabrique légataire à accepter le legs qui s'adressait à elle, à faire immatriculer le titre en son nom et à en conserver la garde, d'autoriser le maire à accepter le bénéfice qui résultait du legs en faveur des pauvres de la commune et d'ordonner qu'un duplicata du titre lui fût délivré. Cette mesure, *sans lui donner le droit d'exercer un contrôle* sur l'emploi par la fabrique et le curé des revenus mis à leur disposition, lui permettait de s'assurer que le capital de la fondation était conservé, et que le revenu était toujours inscrit, avec sa destination, au budget annuel de la fabrique. On admettait seulement le contrôle du maire ou du Bureau de bienfaisance sur un point marqué dans le testament ou la donation comme condition *sine qua non* de la libéralité, par exemple l'indication de classes dans lesquelles devaient être choisis les pauvres à secourir, avec déclaration de révocation de la libéralité si cette condition n'était pas exécutée. Il suffisait alors que le curé fît connaître sommairement l'emploi matériel des fonds

9 *

(Douai, 30 décembre 1874). Mais un avis du conseil d'Etat, en date du 7 juillet 1881, revenant sur celui du 6 mars 1873 et attribuant aux Bureaux de bienfaisance la représentation légale et exclusive des pauvres à l'effet de recevoir des dons ou legs et d'opérer la distribution et la répartition des secours, a enlevé aux fabriques la faculté de recevoir des aumônes et de les administrer. Cet avis est aussi contraire au texte même de l'article 76 de la loi organique et de l'article 1 du décret du 30 décembre 1809, qu'aux déclarations de Portalis qui disait : « Les fabriques ont toujours été en possession de recevoir des aumônes et de les administrer ; la religion a été la première amie des pauvres, et il est impossible de méconnaître tout ce que l'humanité lui doit. » Plus violent que la décision erronée de 1837, d'après laquelle les dons et legs faits aux fabriques revenaient aux Bureaux de bienfaisance, mais à charge de remettre aux premières les intérêts et arrérages à distribuer, il est le complément des avis des 13 avril et 18 juin 1881, lesquels ont retiré aux fabriques la faculté de recevoir des libéralités en vue de fonder ou d'entretenir des écoles et déclaré que les curés n'avaient pas qualité pour recevoir des libéralités charitables.

Le Conseil de fabrique se compose de deux membres de droit, le curé et le maire, qui, d'après un avis du conseil d'Etat (7 février 1867 ; arg. tirés des articles 4 et 13 du décret de 1809) n'en peuvent être élus présidents (1) ; de neuf fabriciens dont cinq sont nommés par l'évêque et quatre par le préfet dans les paroisses de cinq mille âmes au moins, et de cinq fabriciens dont trois nommés par l'évêque et deux par le préfet dans les autres paroisses. Peuvent être élues membres du Conseil toutes personnes honorables âgées de vingt et un ans, les adjoints (C. d'Et., avis du 4 août 1840), peut-être les vicaires, mais non les étrangers (circ. minis., 24 février 1870), ni les gens salariés par les fabriques (décis. minis., 2 juin 1864). Une fois formé, le Conseil se renouvelle partiellement tous les trois ans, et les membres restants élisent aux places va-

(1) Mais le conseil d'Etat a reconnu que la délibération ne serait pas nulle, si le curé avait été élu et avait présidé sans réclamation (avis du 10 avril 1860). Il a été jugé que le curé et le maire ne pouvaient être reprochés comme témoins dans un procès intéressant la fabrique (C. cass., 23 janvier 1877). Un fabricien nommé maire doit être remplacé comme membre élu de la fabrique. Le maire empêché est représenté par un adjoint, et celui-ci, en cas d'empêchement, par le Conseiller municipal désigné par le préfet ou inscrit le premier dans l'ordre du tableau. L'un et l'autre, pour être admis au Conseil, doivent justifier de leur qualité (circ. minist., 3 mai 1864).

Je fais remarquer ici que c'est par suite d'une usurpation de la loi civile que la présidence du Conseil de fabrique a été enlevée au curé, lequel est, en droit canon, l'administrateur des biens de la paroisse. L'institution même des fabriques n'est qu'une concession de l'Eglise, et c'est pourquoi le fabricien qui, s'autorisant de sa position sociale et par esprit de domination, userait contre le curé de son influence dans le Conseil, donnerait la mesure de son ignorance de l'institution dont il est membre.

cantes. Il s'assemble quatre fois par an, le dimanche
de Quasimodo et le premier dimanche des mois de
juillet, d'octobre et de janvier. En outre, il peut
y avoir des séances extraordinaires autorisées par
l'évêque ou le préfet. Le dimanche de Quasimodo
est réservé aux élections de renouvellements trien-
naux. Si le Conseil n'y procède pas, s'il ne pourvoit
pas aux places vacantes dans sa première séance
ordinaire qui suit le décès ou la démission des titulaires, et il le pourrait quand même il ne comp-
terait plus que trois membres en exercice sur sept
(C. d'Et., 17 mai 1878), l'évêque fait lui-même les
nominations. En tous cas, les nouveaux fabriciens
ne sont élus ou nommés que pour le temps d'exercice qui restait à ceux qu'ils sont destinés à remplacer. Chaque année, dans la séance du dimanche
de Quasimodo, le Conseil de fabrique nomme au
scrutin son président et son secrétaire ; mais les
membres sont rééligibles. S'il y a partage de voix
dans les délibérations relatives à la gestion des intérêts de la paroisse, celle du président est prépondérante ; mais en matière d'élection, c'est la supériorité de l'âge qui sert d'appoint (C. d'Et., 11 août
1859). Quant aux sujets de délibération du Conseil, ils portent sur le budget de la fabrique, le
compte annuel du trésorier, l'emploi des fonds
excédant les dépenses, du montant des legs et donations, et le remploi des capitaux remboursés, toutes
les dépenses extraordinaires au delà de 50 francs
dans les paroisses au-dessous de mille âmes, et de

100 francs dans les paroisses d'une plus grande population, les procès à entreprendre ou à soutenir, les baux emphytéotiques ou à longues années, les aliénations ou échanges et généralement tous les objets excédant les bornes de l'administration ordinaire des biens des mineurs. Ce sont les termes mêmes de l'article 12 du décret de 1809. Les fabriques ont qualité pour faire assurer les églises contre l'incendie, et la dépense en est approuvée par l'évêque (lettre minist., 22 septembre 1859). L'autorité diocésaine donne son approbation aux délibérations relatives au budget, aux quêtes, au nombre des prêtres attachés à l'église, aux dépenses supérieures à 100 ou 200 francs, d'après la population. Mais les délibérations illégales ne peuvent être annulées que par un arrêté ministériel (C. d'Et., avis du 13 mars 1867). Les procès-verbaux des délibérations peuvent énoncer les motifs des propositions, le nom de ceux qui les ont faites, et l'avis des opposants quand ceux-ci le demandent et que la majorité y consent (C. minist., 6 avril 1867).

Article 3. Dans les paroisses où la population sera de cinq mille âmes ou au-dessus, le Conseil sera composé de neuf conseillers de fabrique; dans les autres paroisses, il devra l'être de cinq; ils seront pris parmi les notables; ils devront être catholiques et domiciliés dans la paroisse. — Article 4. De plus, seront de droit membres du Conseil : 1° le curé ou desservant, qui y aura la première place, et pourra s'y faire remplacer par un de ses vicaires; 2° le maire de la commune du chef-lieu de la cure ou succursale; il pourra s'y faire remplacer par l'un de ses adjoints ; si le maire n'est pas catholique, il devra se substituer un adjoint qui le soit, ou, à défaut, un membre du conseil municipal catholique. Le maire sera placé à gauche, et le curé ou desservant à droite du président. — Article 5. Dans les villes où il y aura plusieurs paroisses ou succursales, le maire sera de droit membre du Conseil de chaque fabrique ; il pourra s'y faire remplacer comme il est dit dans l'article précédent. — Article 6. Dans les paroisses ou succursales dans lesquelles le Conseil de fabrique sera composé de neuf membres, non compris les membres de droit, cinq des conseillers seront, pour la première fois, à la nomination de l'évêque, et quatre à celle du préfet ; dans celles où il ne sera composé que de cinq membres, l'évêque en nommera trois, et le préfet deux. Ils entreront en fonctions le premier dimanche du mois d'avril prochain (remplacé par le dimanche de Quasimodo depuis l'ordonnance royale du 12 janvier 1825).— Article 7. Le Conseil de fabrique se renouvellera partiellement tous les trois ans, savoir : à l'expiration des trois premières années dans les paroisses où il est composé de neuf membres sans y compter les membres de droit, par la sortie de cinq membres qui, pour la première fois, seront désignés par le sort, et des quatre plus anciens, après les six ans révolus ; pour les fabriques dont le Conseil est composé de cinq membres, non compris les membres de droit, par la sortie de trois membres désignés par la voix du sort, après les trois premières années, et de deux autres, après les six ans révolus. Dans la suite, ce seront toujours les plus anciens en exercice qui devront sortir. — Article 8. Les conseillers que devront remplacer les membres sortants seront nommés par les membres restants. Lorsque le remplacement ne sera pas fait à l'époque fixée, l'évêque ordonnera qu'il y soit procédé dans le délai d'un mois, passé lequel délai, il y nommera lui-même et pour cette fois seulement. Les membres sortants pourront être réélus. — Article 9. Le Conseil nommera au scrutin son secrétaire et son président : ils seront renouvelés le premier dimanche d'avril de chaque année (le dimanche de Quasimodo) et pourront être réélus. Le président aura en cas de partage voix prépondérante. Le Conseil ne pourra délibérer que lorsqu'il y aura plus de la moitié des membres présents à l'assemblée, et tous les membres présents signeront la délibération qui sera arrêtée à la pluralité des voix. — Article 10. Le Conseil s'assemblera le premier dimanche du mois d'avril (dimanche de Quasimodo), de juillet, d'octobre et de janvier, à l'issue de la grand'messe ou des vêpres, dans l'église, dans un lieu attenant à l'église ou dans le presbytère. L'avertissement de chacune de ces séances sera publié, le dimanche précédent, au prône de la grand'messe. Le Conseil pourra de plus s'assembler extraordinairement, sur l'autorisation de l'évêque ou du préfet, lorsque l'urgence des affaires ou quelques dépenses imprévues l'exigera (décret du 30 décembre 1809, concernant les fabriques des églises).

Charles..., vu le décret du 30 décembre 1809 et voulant remédier aux inconvénients que l'expérience a signalés, notre conseil d'Etat entendu, avons ordonné...—Article 2. A l'avenir, la séance des Conseils de fabrique, qui, aux termes de l'article 10 du règlement général, doit avoir lieu le premier dimanche du mois d'avril, se tiendra le dimanche de Quasimodo. Dans cette séance devront être faites, tous les trois ans, les élections ordinaires prescrites par le décret du 30 décembre 1809. — Article 3. Dans le cas de vacances par mort ou par démission, l'élection en remplacement devra être faite dans la première séance ordinaire du Conseil de fabrique qui suivra la vacance. Les nouveaux fabriciens ne seront élus que pour le temps d'exercice qui restait à ceux qu'ils sont destinés à remplacer. — Article 4. Si un mois après les époques indiquées dans les deux articles précédents, le Conseil de fabrique n'a pas procédé aux élections, l'évêque diocésain nommera lui-même. — Article 6. L'évêque et le préfet devront réciproquement se prévenir des autorisations d'assemblées extraordinaires qu'aux termes de l'article 10 du 30 décembre 1809 ils accorderaient aux Conseils de fabrique, et des objets qui devront être traités dans ces assemblées extraordinaires (ordonnance du 12 janvier 1825, *relative aux Conseils de fabrique.*)

Le bureau des marguilliers se compose de trois membres du Conseil de fabrique auxquels s'adjoint le curé de la paroisse qui en est membre de droit. Le maire ne peut être marguillier (décis. minist., 13 mars 1865, 3 août 1870). Le Conseil nomme le bureau qui élit à son tour son président, son secrétaire et son trésorier, lesquels peuvent, comme les fabriciens, être indéfiniment réélus (décis. minist., 19 mai 1863, 4 novembre 1869). Il leur appartient d'exécuter les délibérations du Conseil, de préparer le budget de la fabrique et d'administrer le temporel de la paroisse. Mais c'est le trésorier surtout qui, agissant en son nom, règle les frais de sacristie et les dépenses du culte, délivre des mandats (1) aux fournisseurs, veille aux dépenses d'entretien de l'église et du presbytère, fait les actes conservatoires pour le maintien des droits de la fabrique et les

(1) C'est au président du bureau qu'il appartient de signer les mandats des dépenses votées par le Conseil de fabrique ou le bureau et approuvées par l'évêque.

diligences nécessaires pour le recouvrement de ses revenus, soutient les procès (1) et comparaît dans les aliénations dûment autorisées. Le curé ne peut être trésorier, ni président du bureau , mais il peut en être secrétaire. Le même membre peut être ou président ou secrétaire de la fabrique et du bureau (décis. minist., 8 juillet 1861).

Article 11. — Aussitôt que le Conseil aura été formé, il choisira au scrutin, parmi ses membres, ceux qui, comme marguilliers,entreront dans la composition du bureau ; et à l'avenir, dans celle de ses sessions qui répondra à l'expiration du temps fixé par le présent règlement pour l'exercice des fonctions de marguilliers, il fera également au scrutin élection de celui de ses membres qui remplacera le marguillier sortant. — Article 13. Le bureau des marguilliers se composera : 1° du curé ou desservant de la paroisse ou succursale, qui en sera membre perpétuel et de droit : 2° de trois membres du Conseil de fabrique. Le curé ou desservant aura la première place et pourra se faire remplacer par un de ses vicaires. — Article 14. Ne peuvent être en même temps membres du bureau les parents ou alliés, jusque et compris le degré d'oncle et de neveu (2). —Article 15. Au premier dimanche d'avril (de Quasimodo) de chaque année, l'un des marguilliers cessera d'être membre du bureau et sera remplacé. — Article 16. Des trois marguilliers qui seront pour la première fois nommés par le Conseil, deux sor-

(1) Les exploits pourraient aussi être signifiés au président du Conseil de fabrique, à défaut du bureau (C. cass., 28 juillet 1879).

(2) Cet empêchement ne regarde pas le Conseil de fabrique (avis du Comité de l'intérieur, 21 mai 1828; circ. minist , 15 juillet 1867).

tiront successivement par la voix du sort, à la fin de la première, de la deuxième année, et le troisième sortira de droit la troisième année révolue. — Article 17. Dans la suite, ce seront toujours les marguilliers les plus anciens en exercice qui devront sortir. — Article 18. Lorsque l'élection ne sera pas faite à l'époque fixée, il y sera pourvu par l'évêque. — Article 19. Ils nommeront entre eux un président, un secrétaire et un trésorier. — Article 20. Les membres du bureau ne pourront délibérer s'ils ne sont au moins au nombre de trois. En cas de partage, le président aura voix prépondérante. Toutes les délibérations seront signées par les membres présents. — Article 22. Le bureau s'assemblera tous les mois à l'issue de la messe paroissiale, au lieu indiqué pour la tenue des séances du Conseil. — Article 23. Dans les cas extraordinaires, le bureau sera convoqué soit d'office par le president, soit sur la demande du curé ou desservant. — Article 24. Le bureau des marguilliers dressera le budget de la fabrique et préparera les affaires qui doivent être portées au Conseil; il sera chargé de l'exécution des délibérations en Conseil et de l'administration journalière du temporel de la paroisse. — Article 25. Le trésorier est chargé de procurer la rentrée de toutes les sommes dues à la fabrique, soit comme faisant partie d'un revenu annuel, soit à tout autre titre. — Article 26. Les marguilliers sont chargés de veiller à ce que toutes les fondations soient fidèlement acquittées et exécutées suivant l'intention des fondateurs, sans que les sommes puissent être employées à d'autres charges. Un extrait du sommier des titres concernant les fondations qui doivent être desservies pendant le cours d'un trimestre sera affiché dans la sacristie au commencement de chaque semestre avec les noms des fondateurs et de l'ecclésiastique qui acquittera chaque fondation. Il sera compté à la fin de chaque trimestre, par le curé ou desservant, au bureau des marguilliers, des fondations acquittées pendant le cours du trimestre (1). — Article 27. Les marguilliers fourniront l'huile, le pain, le vin, l'encens, la cire et généralement tous les objets de consommations nécessaires à l'exercice du culte; ils pourvoiront également aux réparations et achats des ornements, meubles et ustensiles de l'église et de la sacristie. — Article 28. Tous les marchés seront arrêtés par le bureau des marguilliers et signés par le président, ainsi que les mandats. — Article 34. Sera tenu le trésorier de présenter, tous les trois mois, au bureau des marguilliers, un bordereau signé de lui et certifié véritable, de la situation active et passive de la fabrique pendant les trois mois précédents : ces bordereaux seront signés de ceux qui auront assisté à l'assemblée, et déposés dans la caisse ou armoire de la fabrique, pour être présentés lors de la reddition du compte annuel. Le bureau en déterminera, dans la même séance, la somme nécessaire pour les dépenses du trimestre suivant. — Article 35. Toute la dépense de l'église et les frais de sacristie seront faits par le trésorier ; en conséquence, il ne sera rien fourni par aucun marchand ou artisan sans un mandat du trésorier, au pied duquel le sacristain, ou toute autre personne apte à recevoir la livraison, certifiera que le contenu audit mandat a été rempli.

Le trésorier a la mission d'accepter les dons et legs faits directement aux fabriques ou pour l'entretien des églises, le service divin, pour les mis-

(1) Les prescriptions de la bulle d'Innocent XII sont plus complètes. Elles veulent que le tableau des fondations soit affiché toute l'année et qu'un registre des messes soit ouvert où le prêtre qui les acquitte inscrit son nom. De cette manière, l'évêque, en tournée pastorale, exerce facilement son contrôle.

sions et les confréries (décrets du 6 mars 1872 et 31 janvier 1873), pour les presbytères (décret du 22 février 1873). Quand le curé reçoit d'un notaire l'avis obligatoire qu'il a été passé dans son étude un acte de legs ou de donation au profit de la fabrique, il en informe le trésorier qui se fait remettre l'acte, fait son rapport à la première séance du bureau et se met en communication avec l'évêque diocésain. Celui-ci décide s'il convient ou non d'accepter, et c'est au préfet d'autoriser l'acceptation, si les libéralités (mobilières ou immobilières) n'excèdent pas la valeur de 1,000 francs (1), ne donnent lieu à aucune réclamation et ne sont grevées d'autres charges que l'acquit de fondations pieuses dans l'église paroissiale ou de dispositions au profit des communes, hospices et bureaux de bienfaisance. Dans le cas contraire, il appartient au chef de l'Etat, sur le rapport du ministre des cultes, d'autoriser l'acceptation dont l'acte est signé ensuite par le trésorier. — Remarquons ici qu'un notaire membre d'un Conseil de fabrique peut instrumenter pour elle, sans toutefois pouvoir figurer dans le même acte comme fabricien et comme notaire (C. de l'intérieur, avis du 7 avril 1843; circ. minis., 30 mars 1844).

(1) Un simple arrêté préfectoral suffit également quand il s'agit de plusieurs libéralités qui, prises isolément, ne dépassent pas la somme de 1,000 francs, mais l'excèdent dans leur ensemble (cir. minist. 13 décembre 1866). Mais cette nécessité de l'autorisation est, dans tous les cas, anticanonique, peu importe de qui l'autorisation émane.

Article 58. — Tout notaire devant lequel il aura été passé un acte contenant donation entre vifs ou disposition testamentaire au profit d'une fabrique, sera tenu d'en donner avis au curé ou desservant. — Article 59. Tout acte contenant des dons ou legs à une fabrique sera remis au trésorier qui en fera son rapport à la prochaine séance du bureau. Cet acte sera ensuite adressé par le trésorier avec les observations du bureau, à l'archevêque ou évêque diocésain, pour que celui-ci donne sa délibération s'il convient ou non d'accepter. Le tout sera envoyé au ministre des cultes, sur le rapport duquel la fabrique sera, s'il y a lieu, autorisée à accepter. L'acte d'acceptation dans lequel il sera fait mention de l'autorisation sera signé par le trésorier, au nom de la fabrique (décret du 30 décembre 1809).

Article 3. — Les dons et legs seront acceptés par les trésoriers des fabriques lorsque les donateurs ou testateurs auront disposé en faveur des fabriques ou pour l'entretien des églises et le service divin (ordonnance du 2 avril 1817).

Napoléon...., vu les ordonnances du 2 avril 1817, 7 mai 1826 et 14 janvier 1831, vu les décrets des 25 mars 1852 et 13 avril 1861 sur la décentralisation administrative, avons décrété : — Article 1. L'acceptation des dons et legs faits aux fabriques des églises sera désormais autorisée par les préfets, sur l'avis préalable des évêques, lorsque ces libéralités n'excéderont pas la valeur de 1,000 francs, ne donneront lieu à aucune réclamation, et ne seront grevés d'autres charges que l'acquit de fondations pieuses dans les églises paroissiales, ou de dispositions au profit des communes, des hospices, des pauvres ou du Bureau de bienfaisance. — Article 2. L'autorisation ne sera accordée qu'après l'autorisation provisoire de l'évêque diocésain, s'il y a charges de services religieux. — Article 3. Les préfets rendront compte de leurs arrêtés d'autorisation au ministre compétent, dans les formes déterminées par les instructions qui leur seront adressées. Les arrêtés qui seront contraires aux lois et règlements, ou qui donneraient lieu aux réclamations des parties intéressées, pourront être annulées ou réformées par arrêté ministériel (décret du 15 février 1862).

Article 1. — Tout notaire dépositaire d'un testament contenant un ou plusieurs legs au profit des communes, des pauvres, des établissements d'utilité publique, des associations religieuses et titulaires énumérés dans l'article 2 de l'ordonnance royale du 2 avril 1817, devra transmettre au préfet du département, sans délai, après l'ouverture du testament, un état sommaire de l'ensemble des dispositions de cette nature insérées au testament, indépendamment de l'avis qu'il est tenu de donner aux légataires, en exécution de l'article 5 de l'ordonnance précitée (décret du 30 juillet 1863).

Voici, d'après les instructions ministérielles, les pièces qui doivent être produites à l'appui de ces demandes d'autorisation : *Pour une donation entre vifs*, 1° l'acte notarié, constatant la donation ; 2° le certificat de vie du donateur; 3° le procès-verbal d'estimation de l'objet donné (s'il s'agit d'un immeuble, sa contenance et sa valeur, tant en capital qu'en revenus); 4° la délibération du Conseil de fabrique tendant à obtenir l'autorisation d'accepter la libéralité ; 5° l'acceptation provisoire du trésorier de la fabrique, qui en est le représentant légal ; 6° l'état vérifié et certifié par le préfet de l'actif et du passif de la fabrique, c'est-à-dire son budget; 7° des renseignements sur les causes de la libéralité, la fortune du donateur et celle de ses héritiers présomptifs ; 8° l'avis de l'évêque diocésain ; 9° l'avis du préfet rédigé en forme d'arrêté. — *Pour les legs et les dispositions testamentaires*, 1° le testament dont une expédition entière sera transmise s'il contient des legs en faveur de plusieurs établissements publics ; 2° l'acte de décès du testateur ; 3° le procès verbal d'estimation de l'objet légué (s'il s'agit d'un immeuble, sa contenance et sa valeur en capital et revenus) ; 4° la délibération du Conseil de fabrique, les charges dont le legs est grevé et l'emploi des sommes d'argent dont le testateur n'aurait pas fixé la destination ; 5° l'acceptation provisoire du trésorier de la fabrique ; 6° l'état vérifié et certifié par le préfet, de l'actif et du passif de l'établissement ou son budget ; 7° le consentement par écrit des héritiers naturels du testateur à la délivrance du legs, et du légataire universel qui aurait été institué, ou la réclamation qu'ils auraient formée dans le but de s'y opposer ; et à défaut de ces pièces, les actes constatant que les héritiers connus du testateur ont été appelés à prendre connaissance du testament, ou que le testament, s'il n'a pas d'héritiers connus, a été publié et affiché dans les formes prescrites par l'article 3 de l'ordonnance réglementaire du 14 janvier 1831. En cas de réclamation, on doit joindre au dossier des renseignements sur le degré de parenté et la fortune des héritiers et sur la valeur totale de la succession du testateur ; 8° l'avis de l'évêque diocésain ; 9° l'avis du préfet rédigé en forme d'arrêté.

Article 3. — Nulle acceptation de legs au profit des établissements ecclésiastiques ne sera présentée à notre autorisation sans que les héritiers connus du testateur aient été appelés par acte extrajudiciaire pour prendre connaissance du testament, donner leur consentement à son exécution ou produire leurs moyens d'opposition. S'il n'y a pas d'héritiers connus, extrait du testament sera affiché de huitaine en huitaine, et à trois reprises consécutives, au chef-lieu de la mairie du domicile du testateur, et inséré dans le journal judiciaire du département, avec invitation aux héritiers d'adresser au préfet, dans le même délai, les réclamations qu'ils auraient à présenter. — Article 4. Ne pourront être présentées à notre autorisation les donations qui seraient faites à des établissements ecclésiastiques ou religieux avec réserve d'usufruit en faveur du donateur. — Article 5. L'état de l'actif et du passif, ainsi que des revenus et charges des établissements légataires ou donataires, vérifié et certifié par le préfet, sera produit à l'appui de leur demande en autorisation d'accepter les dons ou legs qui leur seraient faits *(ordonnance royale du 14 janvier 1831, relative aux donations et legs, acquisitions et aliénations de biens, concernant les établissements ecclésiastiques et les communautés religieuses de femmes)*.

Il a été jugé par la Cour de cassation que les dons manuels d'une certaine importance doivent être autorisés par le gouvernement, mais qu'ils peuvent l'être même après le décès du donateur (18 mars 1867). Les dons manuels faits à certaines conditions ou avec charges doivent être transformés en donations publiques constatées par un acte notarié et acceptées en la forme ordinaire (décis. minist., 18 octobre 1862). D'autre part, il a été reconnu qu'une valeur affectée par un testateur à un certain nombre de messes une fois dites, sans désignation d'église, constitue non pas une libéralité au profit de la fabrique, mais une simple charge de l'hérédité dispensée de l'autorisation (décis. minist., 12 mai 1855; circ., 10 avril 1862), que la disposition testamentaire par laquelle celui qui n'a pas d'héritiers réservataires dispose de sa fortune en vue de faire dire des prières, vaut sans autorisation (Rennes, 22 août 1861).

L'ordonnance de 1831 exige encore qu'aucun acte de vente, d'acquisition, d'échange, de cession ou transport, de constitution de rente, de transaction, ne soit passé par les notaires au nom des établissements ecclésiastiques, s'il n'est pas justifié de l'ordonnance royale autorisant l'acte, laquelle autorisation devra y être entièrement insérée. Ce sont les termes mêmes de l'article 2 de l'ordonnance. L'article 1er rapporte l'article 6 de l'ordonnance royale du 2 avril 1817, et décide en conséquence qu'aucun transfert ni inscription de rentes sur l'Etat ne sera autorisé que par une ordonnance dont l'établissement intéressé présentera, par l'intermédiaire de son agent de change, expédition en due forme au directeur du grand-livre de la dette publique. Toutefois, le décret du 13 avril 1861, article 4, laisse aux préfets le soin de statuer sur l'autorisation relative au placement en rentes sur l'Etat des sommes sans emploi provenant de remboursements de capitaux. En outre, la circulaire du

2 décembre 1861 autorise les préfets à statuer sur les demandes de placer sur l'Etat tous les fonds sans emploi provenant d'économies ou d'excédants de recettes, de remboursements de créances ou de rentes. Ce décret et cette circulaire s'appliquent également aux fabriques et aux établissements religieux. Le placement en rentes sur l'Etat est le mode habituel d'emploi des fonds disponibles. Il est prescrit ordinairement par le décret qui autorise l'acceptation des dons et legs de sommes d'argent, sinon, ou s'il s'agit de dons manuels, le placement est autorisé par le préfet jusqu'à 1,000 francs pour les fabriques et par décret spécial au delà de cette somme et pour les autres établissements religieux. L'autorisation obtenue, la fabrique ne peut plus changer de mode d'emploi des fonds sans une autorisation nouvelle.

Article 62. — Ne pourront les biens immeubles de l'église être vendus, aliénés, échangés, ni même loués pour un terme plus long que neuf ans, sans une délibération du conseil, l'avis de l'évêque diocésain et notre autorisation (décret du 30 décembre 1809).

En ce qui concerne les baux et locations, la disposition ci-dessus a été modifiée par la loi du 25 mai 1835, d'après laquelle les établissements publics peuvent affermer leurs biens ruraux pour dix-huit années, sans autres formalités que celles prescrites pour les baux de neuf années, c'est-à-dire avec l'approbation du préfet. En outre, les baux à ferme n'ont jamais lieu que par adjudication, aux enchères, devant notaire, dans les formes prescrites par le décret du 12 août 1807 et sous la garantie d'une hypothèque que les fabriques stipulent sur les biens du preneur (circ. minist., 10 août 1870).

Les transactions des fabriques sont soumises aux formalités prescrites par l'arrêté du 21 frimaire an XII et par l'article 59 de la loi du 18 juillet 1837. On produira donc les pièces suivantes : 1° la délibération du Conseil de fabrique ; 2° l'avis du Conseil municipal ; 3° l'avis de trois jurisconsultes désignés par le préfet ; 4° l'avis de l'évêque diocésain. Ces pièces sont envoyées au préfet, qui statuera sur les avis du Conseil de préfecture, ou au ministre des cultes, qui statuera sur les avis du Conseil de préfecture et du préfet, suivant qu'il s'agit d'objets mobiliers d'une valeur inférieure ou supérieure à 3,000 francs.

Si l'on excepte l'achat ou la vente de meubles corporels, la réception du remboursement de capitaux de rentes (circ. minist., 26 mars 1856), la prescription (Code civil, art. 2,227), on peut dire que la nécessité de l'autorisation est imposée à tous les actes de la vie civile des fabriques (1). L'article 62

---

(1) Pour les achats et ventes de rentes, voir Circ. minist., 20 août et 2 décembre 1861, 10 décembre 1862. Pour les emprunts, voir C. cass. 18 juillet 1860. Sur les fabriques autorisées à acquérir des maisons destinées à servir de maisons d'école, voir Décret du 21 décembre 1859 et Lettre ministérielle du 16 novembre 1872. Mais je rappelle l'avis précité du 13 avril 1881.

du décret de 1809 indique les formes à suivre pour les aliénations à titre onéreux (ce sont les seules qui soient permises), et l'on suit, à l'égard des acquisitions, les règles usitées dans les contrats passés par les communes. Mais celles-ci étant appelées à subvenir à l'insuffisance des ressources des fabriques, il est nécessaire, au surplus, que les Conseils municipaux soient appelés à donner leur avis. La loi du 18 juillet 1837, article 21, range expressément parmi les cas où le Conseil municipal doit être consulté, à peine de nullité de l'acte de l'administration, les autorisations d'emprunter, d'acquérir, d'échanger, d'aliéner, de plaider ou de transiger, demandées par les fabriques, comme l'acceptation des dons et legs faits à ces établissements. Ces exigences du droit permettent de penser que la fabrique ne pourrait être indirectement engagée par le quasi-contrat de gestion d'affaires au paiement des dépenses faites par un curé ou par un paroissien, et que, par exemple, la possession d'un orgue n'équivaudrait pas à la ratification de l'acte. (Agen, 11 juillet 1865; Poitiers, trib. 21 mai 1867; Aix, 10 février 1870; C. cass., 11 février 1873).

Indépendamment des articles 58, 59 et 62, le décret de 1809 contient sur la régie des biens de la fabrique de nombreuses dispositions dont les suivantes ont ici leur place naturelle :

Article 50. — Chaque fabrique aura une caisse ou armoire fermant à trois clefs, dont une restera dans les mains du trésorier, l'autre dans celles du curé ou desser-

vant, et la troisième dans celles du président du bureau.—
Article 51. Seront déposés dans cette caisse tous les
deniers appartenant à la fabrique, ainsi que les clefs des
troncs des églises. — Article 52. Nulle somme ne pourra
être extraite de la caisse sans autorisation du bureau et
sans un récépissé qui y restera déposé. — Article 53. Si
le trésorier n'a pas dans les mains la somme fixée à chaque
trimestre par le bureau pour la dépense courante, ce qui
manquera sera extrait de la caisse, comme aussi ce qu'il
se trouverait avoir d'excédant sera versé dans cette caisse.
— Article 54. Seront aussi déposés dans une caisse ou
armoire les papiers, titres et documents concernant les
revenus et affaires de la fabrique, et notamment les
comptes avec les pièces justificatives, les registres de
délibérations autres que le registre courant, le sommier
des titres et les inventaires ou récolements dont il est
mention aux deux articles qui suivent. — Article 55. Il
sera fait incessamment, et sans frais, deux inventaires,
l'un des ornements, linges, vases sacrés, argenterie,
ustensile, et en général de tout le mobilier de l'église;
l'autre des titres, papiers et renseignements, avec mention des biens contenus dans chaque titre, du revenu qu'ils
produisent, de la fondation à la charge de laquelle les
biens ont été donnés à la fabrique. Un double inventaire
du mobilier sera remis au curé ou desservant. Il sera fait,
tous les ans, un récolement desdits inventaires, afin d'y
porter les additions, réformes ou autres changements;
ces inventaires et récolements seront signés par le curé
ou desservant et par le président du bureau. —Article 56.
Le secrétaire du bureau transcrira, par suite de nu-
méros et par ordre de dates sur un registre sommier :
1° les actes de fondation, et généralement tous les titres
de propriété; 2° les baux à ferme ou loyer. La transcription
sera entre deux marges, qui serviront pour y porter dans
l'une les revenus, et dans l'autre les charges. Chaque pièce

sera signée et certifiée conforme à l'original par le curé ou desservant et par le président du bureau. — Article 57. Nul titre ni pièce ne pourra être extrait de la caisse sans un récépissé qui fera mention de la pièce retirée, de la délibération du bureau pour laquelle cette extraction aura été autorisée, de la qualité de celui qui s'en chargera et signera le récépissé, de la raison pour laquelle elle aura été tirée de la caisse ou armoire; et si c'est pour un procès, le tribunal et le nom de l'avoué seront désignés. Ce récépissé ainsi que la décharge, au temps de la remise, seront inscrits sur le sommier ou registre des titres. — Article 60. Les maisons et les biens ruraux appartenant à la fabrique seront affermés, régis et administrés par le bureau des marguilliers, dans la forme déterminée pour les biens communaux. — Article 61. Aucun des membres du bureau des marguilliers (1) ne peut se porter soit pour adjudicataire, soit même pour associé de l'adjudicataire des ventes, marchés de réparation, constructions, reconstructions, ou baux des biens de la fabrique. — Article 63. Les deniers provenant de donations ou legs dont l'emploi ne serait pas déterminé par la fondation, les remboursements de rentes, le prix de ventes ou soultes d'échanges, les revenus excédant l'acquit des charges ordinaires, seront employés dans les formes déterminées par l'avis du conseil d'Etat, approuvé par nous, le 21 décembre 1808. Dans le cas où la somme serait insuffisante, elle restera en caisse, si on prévoit que dans les six mois suivants il rentrera, des fonds disponibles, afin de compléter la somme nécessaire pour cette espèce d'emploi; sinon le conseil délibérera sur l'emploi à faire, et le préfet ordonnera celui qui paraîtra le plus avantageux. — Article 74. Le montant des fonds perçus pour le compte de la fabrique,

(1) *Quid* des membres du Conseil de fabrique? Il a été reconnu que le maire peut se rendre adjudicataire (circ. minist. 3 août 1870).

a quelque titre que ce soit, sera, à fur et mesure de la rentrée, inscrit, avec la date du jour et du mois, sur un registre coté et paraphé, qui demeurera entre les mains du trésorier. — Article 81. Les registres des fabriques seront sur papier non timbré. Les dons et legs qui leur seraient faits ne supporteront que le droit fixe de 1 franc (1) (décret du 30 décembre 1809).

Le remboursement des capitaux dus aux fabriques peut toujours avoir lieu quand les débiteurs se présentent pour se libérer ; mais ils doivent avertir les administrateurs un mois d'avance, pour que ceux-ci avisent pendant ce temps aux moyens de placement et requièrent les autorisations nécessaires de l'autorité supérieure (cons. d'Et., avis du 21 décembre 1808).

Article 1. — Les communes, hospices et fabriques pourront, sans autorisation des préfets, effectuer le remploi en rentes, soit sur l'Etat, soit sur des particuliers, du produit des capitaux qui leur seront remboursés, toutes les fois que ces capitaux n'excéderont pas 500 francs. — Articles 2 et 3 *remplacés par l'article 4 du décret du 13 avril* 1861. Les préfets statueront, sans l'autorisation du ministre des cultes, sur l'autorisation donnée aux établissements religieux de placer en rentes sur l'Etat les sommes sans emploi provenant de remboursement de capitaux. — Article 4. Le placement en biens-fonds, quel que soit le montant de la somme, ne pourra s'effectuer sans autorisation donnée par nous en conseil d'Etat (décret du 10 juillet 1810).

Le budget de la fabrique est présenté le dimanche de Quasimodo par le bureau des marguilliers au Conseil de fabrique, qui peut le modifier, et l'arrêter sauf approbation de l'évêque. La fabrique reçoit-

(1) Malgré cette disposition, on soumet les fabriques aux droits ordinaires d'enregistrement.

elle ou demande-t-elle des secours sur les fonds de la commune, il est envoyé au Conseil municipal appelé à donner son avis, puis soumis à l'approbation de l'évêque, qui réclame auprès du préfet, s'il n'admet point les modifications proposées par le Conseil municipal. Le droit d'approbation entraîne pour l'évêque la faculté de modifier le budget, et la fabrique qui croirait devoir se plaindre de la décision épiscopale, pourrait l'attaquer devant le ministre des cultes (déc. minist., 15 octobre 1857, 14 mai 1858, 27 avril 1868).

Article 45. — Il sera présenté chaque année au bureau, par le curé ou desservant, un état par aperçu des dépenses nécessaires à l'exercice du culte, soit pour les objets de consommation, soit pour réparations et entretien d'ornements, meubles et ustensiles d'église. Cet état, après avoir été, article par article, approuvé par le bureau, sera porté en bloc, sous la désignation de dépenses intérieures, dans le projet du budget général ; le détail de ces dépenses sera annexé audit projet. — Article 46. Ce budget établira la recette et la dépense de l'église. Les articles de dépenses seront classés dans l'ordre suivant : 1º les frais ordinaires de la célébration du culte; 2º les frais de réparation des ornements, meubles et ustensiles d'église; 3º les gages des officiers et serviteurs de l'église; 4º les frais de réparations locatives. La portion des revenus qui restera après cette dépense acquittée servira au traitement des vicaires légitimement établis, et l'excédant, s'il y en a, sera affecté aux grosses réparations des édifices affectés au service du culte. — Article 47. Le budget sera soumis au Conseil de la fabrique, dans la séance du mois d'avril de chaque année (le dimanche de Quasimodo) ;

il sera envoyé, avec l'état des dépenses de la célébration du culte, à l'évêque diocésain, pour avoir sur le tout son approbation. — Article 48. Dans le cas où les revenus de la fabrique couvriraient les dépenses portées au budget, le budget pourra, sans autres formalités, recevoir sa pleine et entière exécution. — Article 49. Si les revenus sont insuffisants pour acquitter, soit les frais indispensables du culte, soit les dépenses nécessaires pour le maintien de sa dignité, soit les gages des officiers et des serviteurs de l'église, soit les réparations de bâtiments, ou pour fournir à la subsistance de ceux des ministres que l'Etat ne salarie pas, le budget contiendra l'aperçu des fonds qui devront être demandés aux paroissiens pour y pourvoir (décret du 30 décembre 1809).

Le trésorier doit rendre son compte chaque année, le divisant en deux parties, l'une de recettes, l'autre de dépenses. Il le présente au bureau des marguilliers dans la séance du premier dimanche de mars, et le bureau fait son rapport, le dimanche de Quasimodo, au Conseil de la fabrique, qui l'arrête définitivement. Il s'étend du 1er janvier au 31 décembre. Le trésorier ne prend pas part au vote émis sur le compte, lequel ne peut plus être revisé après approbation. En cas de contestation entre le trésorier et la fabrique sur les articles d'un compte, la juridiction compétente pour en connaître n'est pas bien indiquée par les textes. Quelques auteurs estiment qu'il appartient au ministre des cultes de statuer, après décision de l'évêque et sauf le recours de droit au conseil d'Etat délibérant au contentieux contre l'arrêté du ministre. Cette opinion leur paraît la plus conforme au décret de 1809, qui, passant sous silence le Conseil de préfecture (cons. d'Et., 24 juillet 1862), attribue compétence au ministre des cultes dans le cas prévu par l'article 93 et ne donne qualité aux tribunaux civils que pour ordonner la reddition de compte ou le paiement du reliquat refusé par le trésorier. Celui-ci, en sa qualité d'administrateur comptable d'un établissement public, est responsable pendant trente ans, à partir de la fin de son exercice, sous l'hypothèque légale de ses biens. Le tribunal judiciaire devant lequel s'élève un débat sur les articles de compte, doit renvoyer les parties devant l'autorité administrative (Montpellier, 11 février 1870, 15 juillet 1871). L'incompétence pourrait aussi être proposée pour la première fois en appel.

Article 82. — Le compte à rendre chaque année par le trésorier sera divisé en deux chapitres, l'un de recette, et l'autre de dépense. Le chapitre de recette sera divisé en trois sections : la première, pour la recette ordinaire ; la deuxième, pour la recette extraordinaire, et la troisième, pour la partie des recouvrements ordinaires ou extraordinaires qui n'auraient pas encore été faits. Le reliquat d'un compte formera toujours le premier article du compte suivant. Le chapitre de dépense sera aussi divisé en dépenses ordinaires, dépenses extraordinaires, et dépenses tant ordinaires qu'extraordinaires non encore acquittées. — Article 83. A chacun des articles de recettes, soit des rentes, soit des loyers ou autres revenus, il sera fait mention des débiteurs, fermiers ou locataires, des noms et situation de la maison et héritage, de la qualité de la rente foncière ou constituée, de la date du dernier titre-nouvel ou du dernier bail, et des notaires qui les auront reçus; ensemble de la fondation à laquelle la rente est affectée, si elle est connue. — Article 84. Lorsque, soit par décès du débiteur, soit par le partage de la maison ou de l'héritage qui est grevé d'une rente, cette rente se trouve due par plusieurs débiteurs, il ne sera néanmoins porté qu'un seul article de recette, dans lequel il sera fait mention de tous les débiteurs, et sauf l'exercice de l'action solidaire, s'il y a lieu. — Article 85. Le trésorier sera tenu de présenter son compte annuel au bureau des marguilliers, dans la séance du premier dimanche du mois de mars. Le compte, avec les pièces justificatives, leur sera communiqué, sur le récépissé de l'un d'eux. Ils feront au conseil, dans la séance du dimanche de Quasimodo, le rapport du compte : il sera examiné, clos et arrêté dans cette séance, qui sera, pour cet effet, prorogée au dimanche suivant, si besoin est. — Article 86. S'il arrive quelques débats sur un ou plusieurs articles du compte, le compte n'en sera pas moins clos, sous la réserve des articles contestés. — Article 87. L'évêque pourra nommer un commissaire pour assister, en son nom, au compte annuel; mais si ce commissaire est un autre qu'un grand vicaire, il ne pourra rien ordonner sur le compte, mais seulement dresser procès-verbal sur l'état de la fabrique et sur les fournitures et réparations à faire à l'église. — Dans tous les cas, les archevêques et évêques en cours de visite, ou leurs vicaires généraux, pourront se faire représenter tous comptes, registres et inventaires, et vérifier l'état de la caisse. — Article 88. Lorsque le compte sera arrêté, le reliquat sera remis au trésorier en exercice, qui sera tenu de s'en charger en recette. Il lui sera en même temps remis un état de ce que la fabrique a à recevoir par baux à ferme, une copie du tarif des droits casuels, un tableau par approximation des dépenses, celui des reprises à faire, celui des charges et des fournitures non acquittées. Il sera, dans la même séance, dressé, sur le registre des délibérations, acte de ces remises; et copie en sera délivrée, en bonne forme, au trésorier sortant, pour lui servir de décharge. — Article 89. Le compte annuel sera en double copie, dont l'une sera déposée dans la caisse ou armoire à trois clefs; l'autre, à la mairie. — Article 90. Faute par le trésorier de présenter son compte à l'époque fixée, et d'en payer le reliquat, celui qui lui succédera sera tenu de faire, dans le mois au plus tard, les diligences nécessaires pour l'y contraindre; et, à son défaut, le procureur impérial, soit d'office, soit sur l'avis qui lui en sera donné par l'un des membres du bureau ou du conseil, soit sur l'ordonnance rendue par l'évêque en cours de visite, sera tenu de poursuivre le comptable devant le tribunal de première instance, et le fera condamner à payer le reliquat, à faire régler les articles débattus, ou à rendre son compte, s'il ne l'a été, le tout dans un délai qui sera fixé; sinon, et ledit temps passé, à payer provisoirement, au profit de la fabrique, la somme égale à la moitié de la recette ordinaire de l'année précédente, sauf les poursuites ultérieures (décret du 30 décembre 1809).

Un débat peut s'élever entre la commune et la fabrique au sujet d'un immeuble revendiqué par cette dernière, comme ayant fait partie des anciens presbytères, dont l'article 72 de la loi de germinal an X a ordonné la restitution, et c'est au ministre des finances qu'il appartient de juger le litige, sauf recours au conseil d'Etat. Les tribunaux judiciaires statuent de leur côté sur le point de savoir si la propriété n'a pas été prescrite par la commune ou si elle n'est pas fondée sur des titres de droit commun (cons. d'Et., 14 janvier 1862, 23 mars 1867, 18 mai 1870). Les fabriques doivent être autorisées à plaider, tant au demandeur qu'au défendeur, par le Conseil de préfecture, qui rendra sa décision dans les deux mois de la demande formée par un mémoire du trésorier.

Cette règle est absolue. Il n'y a que l'assignation en référé (Paris, 17 novembre 1868), l'exercice des actions possessoires (cons. d'Et., 17 novembre 1863), l'action devant le Conseil de préfecture, le pourvoi devant le conseil d'Etat (1) (cons. d'Et., 13 février 1868), certaines demandes devant le juge de paix, comme le paiement du loyer non contesté d'un banc, qui soient dispensés d'autorisation. Des autorités soutiennent (*contrà* : C. cass., 18 janvier 1869) que les juges du fond sont tenus de relever le moyen de nullité, résultant de l'omission de cette formalité, et qu'il peut être présenté pour la première fois devant la Cour suprême. Mais la nullité résultant de ce qu'un jugement par défaut a été rendu entre un particulier et une fabrique non autorisée à ester en justice, est couverte par l'autorisation intervenue avant le jugement définitif (C. cass., 13 mars 1878). Les actions formées par

______

(1) Il a été jugé que le desservant d'une paroisse n'a pas qualité pour former un pourvoi devant le Conseil d'Etat au nom du Conseil de fabrique, et que la nullité de ce pourvoi n'est pas couverte par la ratification ultérieure du Conseil (C. d'Etat, 15 mars 1878).

les fabriques ou contre elles sont dispensées des
préliminaires de conciliation et sont communiquées
au ministère public (Code de procédure, art. 17 et
83). Mais les tribunaux administratifs sont compétents dans les contestations relatives aux marchés
de travaux d'église et de presbytère, à l'interprétation et exécution des cahiers des charges imposées
aux entrepreneurs des pompes funèbres, à la police intérieure des églises vis-à-vis laquelle l'autorité épiscopale est aussi compétente (Paris, 17 novembre 1868).

Article 77. — Ne pourront les marguilliers entreprendre
aucun procès, ni y défendre, sans une autorisation du
Conseil de préfecture, auquel sera adressée la délibération
qui devra être prise à ce sujet par le conseil et le bureau
réunis. — Article 78. Toutefois le trésorier sera tenu de
faire tous actes conservatoires (*surenchères*, *actes récogni-
tifs*) pour le maintien des droits de la fabrique, et toutes
les diligences nécessaires pour le recouvrement de ses
revenus. — Article 79. Les procès seront soutenus au nom
de la fabrique, et les diligences faites à la requête du trésorier, qui donnera connaissance de ses procédures au
bureau. — Article 80. Toutes contestations relatives à la
propriété des biens, et toutes poursuites à fin de recouvrement des revenus seront portées devant les juges
ordinaires (décret du 30 décembre 1809).

Il s'est agi jusqu'ici des fabriques des cures,
succursales et églises érigées en chapelles. Les
annexes, les chapelles domestiques et les oratoires
particuliers en étant dépourvus, les frais du culte

y sont supportés directement par ceux qui en jouissent, et quant aux chapelles de secours et oratoires publics, ils relèvent de ces fabriques qui les administrent. Mais il y a les fabriques des églises métropolitaines et cathédrales dont l'organisation est différente des premières et qui sont composées et administrées conformément aux règlements épiscopaux approuvés par décret. Elles constituent néanmoins, comme les autres, des établissements publics auxquels sont applicables les dispositions concernant la gestion des biens des fabriques paroissiales. Seulement l'Etat est substitué aux communes dans les charges du culte diocésain.

Article 104. — Les fabriques des églises métropolitaines et cathédrales continueront à être composées et administrées conformément aux règlements épiscopaux qui ont été réglés par nous. — Article 105. Toutes les dispositions concernant les fabriques paroissiales sont applicables, en tant qu'elles concernent leur administration intérieure, aux fabriques des cathédrales. — Article 106. Les départements (*aujourd'hui l'Etat*) compris dans un diocèse sont tenus, envers la fabrique de la cathédrale, aux mêmes obligations que les communes envers leurs fabriques paroissiales. — Article 107. Lorsqu'il surviendra de grosses réparations ou des reconstructions à faire aux églises cathédrales, aux palais épiscopaux et aux séminaires diocésains, l'évêque en donnera l'avis officiel au préfet du département dans lequel est le chef-lieu de l'évêché ; il donnera en même temps un état sommaire des revenus et des dépenses de sa fabrique, en faisant sa déclaration des revenus qui restent libres après les dépenses ordinaires de la célébration du culte. — Article 108. Le préfet ordonnera que, suivant les formes établies par les travaux publics', en présence d'une personne à ce commise par l'évêque. il soit dressé un devis estimatif des ouvrages à faire. — Article 109. Ce rapport sera communiqué à l'évêque, qui l'enverra au préfet avec ses observations. Ces pièces seront ensuite transmises par le préfet, avec son avis, à notre ministre de l'intérieur; il en donnera connaissance à notre ministre des cultes. — Article 110. Si les réparations sont à la fois nécessaires et urgentes, notre ministre de l'intérieur ordonnera qu'elles soient provisoirement faites sur les premiers deniers dont les préfets pourront disposer, sauf le remboursement avec les fonds qui seront faits pour cet objet par le Conseil général du département (*aujourd'hui l'Etat*), auquel il sera donné communication du budget de la fabrique de la cathédrale, et qui pourra user de la faculté accordée aux Conseils municipaux par l'article 96. — Article 111. S'il y a dans le même évêché plusieurs départements, la répartition entre eux se fera dans les proportions ordinaires, si ce n'est que le département où sera le chef-lieu du diocèse paiera un dixième de plus. — Article 112. Dans les départements où les cathédrales ont des fabriques ayant des revenus dont une partie est assignée à les réparer, cette assignation continuera d'avoir lieu, et seront, au surplus, les réparations faites conformément à ce qui est prescrit ci-dessus. — Article 113. Les fondations, donations ou legs faits aux églises cathédrales seront acceptés, ainsi que ceux faits aux séminaires par l'évêque diocésain, sauf notre autorisation, donnée en conseil d'Etat, sur le rapport de notre ministre des cultes (décret 30 décembre 1809).

RESSOURCES DES FABRIQUES

Avant d'indiquer les ressources des fabriques, il convient de faire connaître les lois de confiscation qui les ont atteintes.

Décret du 9 novembre 1789. — L'Assemblée nationale décrète que tous les biens des ecclésiastiques sont à la disposition de la nation, à la charge de pourvoir d'une manière convenable aux frais du culte, à l'entretien de ses ministres et au soulagement des pauvres, sous la surveillance et d'après les instructions des administrateurs des provinces.

Décrets des 28 octobre et 5 novembre 1790. — Sont biens nationaux tous les biens du clergé et des séminaires diocésains. Est ajourné ce qui concerne les biens des fabriques, les biens des fondations établies dans les églises paroissiales, les biens des séminaires-collèges, les biens des hôpitaux. Les biens déclarés nationaux seront vendus.

Décrets des 24-13 août 1793. — Les intérêts et rentes dus aux fabriques ne seront point inscrits sur le grand livre de la dette publique; ils seront éteints et supprimés au profit de la République, qui pourvoira aux frais du culte à compter du 1er janvier 1794.

Décrets des 19-3 septembre 1793. — Article 1. Les

immeubles réels affectés aux fabriques des églises cathédrales, paroissiales et succursales, à quelque titre et pour quelque destination que ce puisse être, seront vendus dès à présent, dans la même forme et aux mêmes conditions que les autres biens et domaines nationaux. — Article 2. Pour tenir lieu aux fabriques qui administraient lesdits biens de la jouissance qui leur en avait été laissée provisoirement par les présents décrets, il leur sera payé sur le trésor public et par les receveurs des districts l'intérêt à 4 0/0 sans retenue du produit net de la vente d'iceux.

Décret du 3 novembre 1793. — Article 1. Tout l'actif affecté, à quelque titre que ce soit, aux fabriques des églises cathédrales, particulières et succursales, ainsi qu'à l'acquit des fondations, fait partie des propriétés nationales. — Article 2. Les meubles et immeubles provenant de cet actif seront régis, administrés ou vendus, comme les autres domaines ou meubles nationaux.

L'arrêté du 7 thermidor an XI a rendu aux fabriques leurs biens non aliénés et leurs rentes non transférées. L'arrêté du 25 frimaire an XII et le décret du 28 messidor an XIII leur ont restitué les biens, rentes et fondations chargés de messes, anniversaires et services religieux, ainsi que les biens et rentes des anciennes confréries. D'autres restitutions ont été faites, comme les biens et rentes non aliénés ni transférés des métropoles et cathédrales, des chapitres et collégiales (décret du 15 ventôse an XIII); les églises et presbytères supprimés (décret du 30 mai 1806); les églises et presbytères aliénés et revenus au domaine pour cause de déchéance; les chapelles de congrégations et les églises de monastères non aliénées et disponibles (décret du 17 mars 1809); les maisons vicariales non aliénées (décret du 8 mars 1810); les biens et rentes celés au domaine dont les fabriques ont été autorisées à se mettre en possession, et par là on entendait les biens ecclésiastiques dont la régie des domaines ignorait l'existence (1). Mais pour être investies du droit de propriété de ces biens et rentes, les fabriques ont été astreintes par une jurisprudence assez constante à demander l'envoi en possession à l'autorité administrative (avis du Conseil d'Etat, 25 janvier 1807, et arrêts des 18 juillet 1821, 8 septembre 1819; C. cassation, 3 avril 1854 et 22 janvier 1877). Les biens rendus aux fabriques leur sont revenus quittes des rentes dont ils étaient grevés (avis du Conseil d'Etat, 9 décembre 1810).

Article 1. Les biens des fabriques non aliénés ainsi que les rentes dont elles jouissaient, et dont le transfert n'a pas été fait, sont rendus à leur destination. — Article 2. Les biens de fabriques des églises supprimées seront réunis à ceux des églises conservées et dans l'arrondissement desquelles ils se trouvent (Arrêté du 7 thermidor an XI).
Article 1. Les biens des fabriques des églises supprimées appartiennent aux fabriques des églises auxquelles les

(1) Depuis le décret du 27 juillet 1864, les révélations de biens et rentes provenant d'anciens établissements ecclésiastiques ne sont plus autorisées, ni les allocations à titre de récompenses accordées aux révélateurs, par l'ordonnance du 24 août 1816.

églises supprimées sont réunies, quand même ces biens seraient situés dans des communes étrangères (décret du 31 juillet 1806).

Article 1. Les fabriques des succursales érigées depuis la circonscription générale des paroisses du royaume approuvée le 28 août 1808, ou qui le seraient à l'avenir, sont autorisées à se faire remettre en possession des biens ou rentes appartenant autrefois aux églises qu'elles administrent ou à celles qui y sont réunies, dont, au moment de la publication de la présente ordonnance, le transfert ou l'aliénation n'aurait pas été définitivement et régulièrement consommé en exécution de l'article 2 de l'arrêté du 7 thermidor an XI, et des décrets des 30 mai et 31 juillet 1806. — Article 2. La même faculté est accordée, sous les mêmes conditions, aux fabriques des chapelles établies conformément aux dispositions du titre ii du décret du 30 septembre 1807, mais seulement quant à l'usufruit des biens ou rentes appartenant autrefois soit à l'église érigée légalement en chapelle, soit à celles qui se trouvaient comprises dans la circonscription, et à la charge, par la fabrique usufruitière, de donner immédiatement avis à la fabrique de la cure ou succursale, des biens ou rentes dont elle se serait mise ou poursuivrait l'entrée en jouissance, pour, par cette dernière, être prises des mesures nécessaires afin de se faire envoyer régulièrement en possession de la nue-propriété. — Article 3. Les évêques pourront nous proposer de distraire des biens et rentes possédés par une fabrique paroissiale, pour être rendus à leur destination originaire, soit en toute propriété, soit seulement en simple usufruit, suivant les distinctions établies ci-dessus, ceux ou partie de ceux provenant de l'église érigée postérieurement en succursale ou en chapelle, lorsqu'il sera reconnu que cette distraction laissera à la fabrique, possesseur actuel, des ressources suffisantes pour l'acquittement de ses dépenses. La délibération de cette dernière fabrique, une copie de son budget, la déclaration du conseil municipal et les avis du sous-préfet et du préfet, devront accompagner la proposition de l'évêque (ordonnance du 28 mars 1820).

Les biens des fabriques aliénés, réunis au domaine de l'Etat par suite de la déchéance des acquéreurs et encore disponibles, seront restitués à ces établissements, nonobstant toutes décisions contraires qui demeureront comme non avenues, à la charge expresse par les fabriques de verser dans la caisse du domaine, pour être remis à l'acquéreur déchu, les à-comptes qu'il aurait payés (décision du ministre des finances, 26 septembre 1822).

Les fabriques sont capables d'acquérir et de posséder. Aux termes de l'article 36 du décret du 30 décembre 1809, leurs revenus se forment : 1° du produit des biens et rentes restitués aux fabriques, des biens des confréries, et généralement de ceux qui auraient été affectés aux fabriques par des décrets ; 2° du produit des biens, rentes et fondations qu'elles ont été ou pourront être autorisées à accepter ; 3° du produit des biens et rentes celés au domaine, dont elles ont été autorisées ou dont elles seraient autorisées à se mettre en possession ; 4° du produit spontané des terrains servant de cimetières ; 5° du prix de la location des chaises ; 6° de la concession des bancs placés dans l'église ; 7° des quêtes faites pour les frais du culte ; 8° de ce qui sera trouvé dans les troncs placés pour le même objet ; 9° des oblations faites à la fabrique ; 10° des droits que, suivant les règlements épiscopaux approuvés par l'Etat, les fabriques perçoivent, et de celui qui leur revient sur le produit des frais d'inhumation ; 11° du supplément donné par la commune, le cas échéant.

La location des chaises est une source importante de revenus. Celui qui se sert d'une chaise doit la payer conformément au tarif. Cette obligation est générale. Elle s'impose au fidèle qui apporte lui-même sa chaise comme à tous les autres, et le refus d'y souscrire exposerait le contestant aux peines encourues par les perturbateurs du culte (décis. minist. 21 janvier 1812). Le tarif est réglé par la fabrique (circ. minist. 27 mai 1854). Le prix des chaises est fixé d'une manière définitive pour les différents offices par simple délibération affichée dans l'église, et la location est faite en régie ou par mise à ferme. *En régie*, c'est-à-dire sous les ordres de la fabrique, par des préposés qui perçoivent le prix à chaque office et rendent compte des sommes perçues au trésorier ou à l'agent chargé de surveiller la perception de détail et d'encaisser momentanément les produits. *Par mise à ferme*, c'est-à-dire par l'entremise d'un adjudicataire. L'adjudication a lieu après trois affiches apposées de huitaine en huitaine, en présence du bureau des marguilliers, au plus offrant, les enchères étant reçues par soumission. Il est fait mention de l'accomplissement de ces formalités dans le bail qui doit être accompagné de la fixation des prix des chaises délibérée par le Conseil. Le fermier verse le montant de l'adjudication entre les mains du trésorier, et celui-ci prélève, en déduisant les dépenses faites pour l'établissement des chaises, un sixième destiné à former un fonds de secours pour les ecclésiastiques invalides. Mais ce prélèvement n'a rien de commun avec la taxe sur le prix des places ordonnée par la loi du 9 décembre 1809 en faveur des indigents. Celle-ci concerne avant tout les théâtres publics, et il ne saurait en être question dans les églises. Les adjudicataires sont soumis à la patente (C. d'Et., 4 mars 1868).

Article 64. Le prix des chaises sera réglé, pour les différents offices, par délibération du bureau, approuvé par le Conseil ; cette délibération sera affichée dans l'église. — Article 65. Il est expressément défendu de rien percevoir pour l'entrée de l'église, ni de percevoir, dans l'église, plus que le prix des chaises, sous quelque prétexte que ce soit. Il sera même réservé dans toutes les églises une place où les fidèles qui ne louent pas de chaises ni de bancs puissent commodément assister au service divin et entendre les instructions. — Article 66. Le bureau des marguilliers pourra être autorisé par le Conseil, soit à régir la location des bancs et chaises, soit à la mettre en ferme. — Article 67. Quand la location des chaises sera mise en ferme, l'adjudication aura lieu après trois affiches de huitaine en huitaine ; les enchères seront reçues au bureau de la fabrique par soumission, et l'adjudication sera faite au plus offrant, en présence des marguilliers ; de tout quoi il sera fait mention dans le bail, auquel sera annexés la délibération qui aura fixé le prix des chaises (décret du 30 décembre 1809).

Article 1. Le sixième du produit de la location des bancs, chaises et places dans les églises, faite en vertu des règlements des évêques pour les fabriques de leurs diocèses, après déduction des sommes que les fabriques auront dépensées pour établir ces bancs et chaises, sera prélevé pour former un fonds de secours à répartir entre les ecclésiastiques âgés ou infirmes (décret du 13 thermidor an XIII (1er août 1805).

Des bancs fixes peuvent, à l'instar des chaises ou bancs mobiles, faire l'objet de concessions profitables à la fabrique. Ces concessions sont faites soit par bail pour une prestation annuelle, soit au prix d'un capital ou d'un immeuble pour un temps qui ne peut dépasser la vie du concessionnaire. Elles ne sont ni cessibles, ni transmissibles par héritage. La loi leur assigne expressément une qualité viagère qui tend à les rendre lucratives.

Toute demande en concession d'un banc, moyennant un bail, pour une prestation annuelle et pendant un temps déterminé, est présentée au bureau des marguilliers. Elle contient l'offre et les conditions du postulant. Le bureau les fait publier par trois dimanches et afficher à la porte de l'église, pendant un mois, afin que chacun puisse obtenir la préférence par une offre plus avantageuse. C'est, en effet, la supériorité des offres qui marque la préférence entre les soumissionnaires, lesquels peuvent être étrangers à la paroisse ou fabriciens. Ces formalités remplies, le bureau fait son rapport au Conseil de fabrique, qui délibère ensuite sur la concession. S'il l'autorise, cette délibération vaut titre pour le concessionnaire. L'acte de concession intervient ensuite en forme de contrat, vis-à-vis duquel l'autorité judiciaire est compétente (C. d'Et., 19 octobre 1838). Chaque partie doit en respecter les clauses suivant les principes ordinaires du droit commun. La convention décidera si la reconstruction du banc est à la charge du concessionnaire, ou, par son silence, ne l'obligera qu'aux simples réparations, laissant à la fabrique l'obligation de pourvoir au remplacement d'un banc tombé de vétusté et dont elle était propriétaire.

Les précédentes formalités concernent également la concession de bancs moyennant un prix une fois payé, ou quelque valeur immobilière, ou même un immeuble. De plus, l'autorisation du préfet, sur l'avis préalable de l'évêque, est imposée à ces recettes extraordinaires de la fabrique quand la valeur mobilière ou immobilière excède mille francs, et quand elle les dépasse, l'autorisation doit émaner du chef de l'Etat (décret du 15 février 1862). La valeur d'un immeuble serait évaluée par le bureau des marguilliers, publiée avec la demande par trois dimanches, et affichée pendant un mois à la porte de l'église.

Les concessions s'éteignant à l'expiration du terme convenu et à la mort du concessionnaire, il y a lieu, lors de ces événements, de procéder à de nouvelles adjudications. On admet également la possibilité de nouvelles concessions à la suite de la renonciation évidente des premiers adjudicataires à jouir de leurs droits : par exemple, s'ils transféraient leur domicile dans un lieu éloigné et sans esprit de retour. En second lieu, les concessions cessent, moyennant indemnité, par la suppression de bancs ordonnée par le curé en vertu d'une délibération de la fabrique, et dans ce cas la réclamation du concessionnaire ne pourrait être portée que devant l'autorité épiscopale (C. d'Etat, 14 décembre 1857 ; Cass. 22 avril 1868, 14 décembre 1857). Une exception à la règle qui rend les concessions viagères est établie au profit du constructeur de l'église, du donateur et du bienfaiteur. Celui qui a bâti entièrement l'église peut y retenir gratuitement un banc pour lui et pour sa famille tant qu'elle existera. De même le donateur et le bienfaiteur peuvent, sur l'avis du Conseil de fabrique approuvé par l'évêque et le ministre des cultes, obtenir une concession de banc pour eux et pour leurs familles. Ce droit est essentiellement personnel au titulaire et à sa famille, et s'éteint par l'absence d'héritier, la renonciation, l'abjuration de la religion catholique de tous les membres de la famille. Cette dernière cause s'appuie sur des raisons de convenance.

Enfin un banc d'honneur est réservé aux membres de la fabrique. On l'appelle le *banc de l'œuvre*. Il est souvent placé devant la chaire, et le curé y occupe la première place pendant la prédication. Le maire n'y a la sienne qu'en qualité de fabricien. Quant aux autres fonctionnaires, ils ne peuvent pas exiger de place gratuite et particulière, si ce n'est aux prières publiques ordonnées par le gouvernement (décret du 24 messidor an XII, décis. minist. des 26 juillet 1836 , 10 sept. 1837 , 24 déc. 1838 et 20 sept. 1841). Ils prennent place dans le chœur ou dans la nef, et il leur est réservé le plus de stalles possible. La cérémonie ne doit commencer que lorsque l'autorité qui occupera la première place aura pris séance.

Article 21. Dans les paroisses où il y avait ordinairement des marguilliers d'honneur, il pourra en être choisi deux par le Conseil parmi les principaux fonctionnaires publics domiciliés dans la paroisse. Ces marguilliers et tous les membres du Conseil auront une place distinguée dans l'église; ce sera *le banc de l'œuvre*: il sera placé devant la chaire autant que faire se pourra. Le curé ou desservant aura, dans ce banc, la première place, toutes les fois qu'il s'y trouvera pendant la prédication. — Article 68. Aucune concession de bancs ou de places dans l'église ne pourra être faite, soit par bail pour une prestation annuelle, soit au prix d'un capital ou d'un immeuble, soit pour un temps plus long que la vie de ceux qui l'auront obtenue, sauf l'exception ci-après. — Article 69. La demande de concession sera présentée au bureau, qui préalablement la fera publier par trois dimanches et afficher à la porte de l'église pendant un mois, afin que chacun puisse obtenir la préférence par une offre plus avantageuse. S'il s'agit d'une concession pour un immeuble, le bureau le fera évaluer en capital et en revenu, pour être, cette évaluation, comprise dans les affiches et publications. — Article 70. Après ces formalités remplies, le bureau fera son rapport au Conseil. S'il s'agit d'une concession par bail ou pour une prestation annuelle, et que le Conseil soit d'avis de faire cette concession, sa délibération sera un titre suffisant. — Article 71. S'il s'agit d'une concession pour un immeuble, il faudra, sur la délibération du Conseil, obtenir notre autorisation dans la même forme que pour les dons et legs. Dans le cas où il s'agirait d'une valeur mobilière, notre autorisation sera nécessaire lorsqu'elle s'élèvera à la même quotité pour laquelle les communes et les hospices sont obligés de l'obtenir (décret du 30 décembre 1809).

Une chapelle particulière peut, aussi bien qu'un banc, faire l'objet d'une concession, mais avec cette différence que le droit de chapelle plus important que le droit de banc ne peut être concédé qu'aux fondateurs, donateurs ou bienfaiteurs de l'église. En outre, la donation ou le bienfait doit avoir une certaine importance et procurer à l'église un profit sérieux, proportionné au droit demandé, et ne se réduisant pas à des offres de simple entretien. Tel bienfait justifierait un droit de banc qui ne motiverait pas un droit de chapelle. Des circulaires ministérielles ont évalué, pour les campagnes, le droit de banc de cinq à vingt-cinq francs de rente, celui de tribune de seize à soixante francs de rente, et le droit de chapelle à vingt-cinq ou à cinquante francs de rente suivant que la concession est faite aux époux seulement ou à la famille entière. Dans les villes, il faut constituer une rente de deux cents francs au moins pour devenir bienfaiteur (C. minist., 6 mars 1812, 17 février 1813, 12 avril 1819). Celui qui a bâti entièrement l'église a le privilège de retenir l'usage d'une chapelle pour lui et sa famille. L'administration entend par famille les enfants, descendants et leurs alliés (circ. minist., 15 décembre 1849).

Article 72. — Celui qui aurait entièrement bâti une église pourra retenir la propriété d'un banc ou d'une chapelle pour lui et sa famille tant qu'elle existera. Tout donateur ou bienfaiteur d'une église pourra obtenir la même concession, sur l'avis du Conseil de fabrique, approuvé par l'évêque et par le ministre des cultes. — Article 73. Nul cénotaphe, nulles inscriptions, nuls monuments funèbres ou autres, de quelque genre que ce soit, ne pourront être placés dans les églises que sur la proposition de l'évêque diocésain et la permission de notre ministre des cultes (décret du 30 déc. 1809).

Des quêtes peuvent être faites au profit de l'église soit dans l'enceinte sacrée, soit à l'extérieur. Les marguilliers et le curé ont à cet égard une faculté qui n'est subordonnée qu'au contrôle de l'évêque (C. d'Et., avis du 6 juillet 1831 ; cir. minist., 19 juillet 1865) ; toutefois ils ont à souffrir, même dans l'intérieur de l'église, la concurrence du Bureau de bienfaisance (1) autorisé à quêter

(1) Cette concurrence n'est pas juste. Le clergé, qui a été dépouillé de ses biens, ne devrait rien perdre des aumônes des fidèles, dont il est le distributeur naturel et le plus autorisé. Au reste, les Bureaux de bienfaisance ne pourraient quêter dans les annexes, chapelles de secours, chapelles domestiques et chapelles d'hospices (décis. minist.., 12 juillet 1843).

pendant les offices soit directement par ses membres, soit par des intermédiaires agréés par le curé et à la condition de ne causer aucun trouble. Le produit des quêtes pour frais du culte est inscrit jour par jour sur le registre du trésorier, ou simplement versé, d'après l'usage, dans un coffre qui est ouvert à certaines époques par les marguilliers. L'évêque peut également ordonner des quêtes à domicile pour les œuvres ecclésiastiques, sans avoir besoin de l'autorisation des maires et sans que ceux-ci puissent les empêcher (C. cass. 16 février 1832, 3 juin 1847, 1 août 1850, 13 août 1858; décis. minist., 7 août 1874).

Les troncs placés dans l'église avec l'autorisation de l'évêque forment un autre article de recettes analogues aux quêtes dont il s'agit. Les clefs en sont déposées dans l'armoire à trois serrures de la fabrique (décret du 30 déc. 1809, art. 51). Mais le Bureau de bienfaisance peut également faire placer un tronc aux endroits apparents et non occupés (décret du 12 sept. 1806).

A côté des quêtes et des troncs, il faut mentionner les souscriptions recueillies au nom de la fabrique en vue de la restauration ou de la reconstruction de l'église. Quelques légistes se demandaient si le produit de ces souscriptions n'appartenait pas à la commune, quand le Conseil d'Etat, par un avis du 16 mars 1868, se prononça en faveur de la fabrique. Ces souscriptions sont en effet des libéralités faites à l'église par les fidèles dont l'intention évidente ne saurait être méconnue sans s'exposer à voir leur générosité se ralentir au détriment de la commune elle-même appelée parfois à la restauration de l'église.

Article 75. Tout ce qui concerne les quêtes dans les églises sera réglé par l'évêque, sur le rapport des marguilliers, sans préjudice des quêtes pour les pauvres, lesquelles devront toujours avoir lieu dans les églises toutes les fois que les Bureaux de bienfaisance le jugeront convenable (décret du 30 décembre 1809).

Article 1. Les administrateurs des hospices et des Bureaux de bienfaisance organisés dans chaque arrondissement sont autorisés à faire quêter dans tous les temples consacrés à l'exercice des cérémonies religieuses, et à confier la quête soit aux Filles de Charité vouées au service des pauvres et des malades, soit à telles autres dames qu'ils jugeront convenable. — Article 2. Ils sont pareillement autorisés à faire poser dans tous les temples des troncs destinés à recevoir des aumônes et des dons que la bienfaisance individuelle voudrait y déposer (arrêté du 5 prairial, an XI; abrogé en ce qui concerne le droit des hospices (décis. minist. 15 février 1827).

Article 1. Les administrateurs des Bureaux de bienfaisance sont autorisés à faire par eux-mêmes des quêtes et à placer un tronc dans chaque église paroissiale de l'empire. — Article 2. Les évêques, par un article additionnel à leurs règlements de fabrique intérieurs et qui sera soumis à notre approbation par notre ministre des cultes, détermineront le nombre de ces quêtes, les jours et les offices où elles se font (décret du 12 septembre 1806).

L'église a droit au produit des inhumations des morts non indigents. Ces émoluments de la fabrique et les honoraires des ministres du culte sont même compris parmi les frais funéraires privilégiés de l'article 2101 du Code civil. Il appartient à la fabrique de fournir les voitures, tentures, ornements, cercueil (C. cass., 21 nov. 1859), et de faire toutes les fournitures (C. cass., 29 juillet 1873) nécessaires à la décence et à la pompe des funérailles. Ce droit, elle l'exerce directement par son bureau ou par un régisseur, ou elle l'afferme aux enchères d'après des tarifs et tableaux gradués par classes de convois, communiqués aux conseils municipaux et approuvés par le préfet (1). Celui-ci veille à ce que les classes soient composées d'une manière simple et invariable ; car il importe de prévenir les artifices et les obsessions dont les familles pourraient être l'objet des entrepreneurs. Mais l'autorité judiciaire est toujours compétente pour connaître des contestations s'élevant à l'occasion du recouvrement des droits perçus en vertu du tarif diocésain (C. d'Et., 26 juin 1874 et 23 avril 1875). Il est loisible aux familles de choisir la classe de service qui leur plaît, et le ministre du culte ne saurait fonder son refus de sépulture sur ce motif que la classe demandée n'est pas en rapport avec les moyens et facultés de la famille. D'autre part, le maire ne

(1) Les tarifs et traités relatifs aux pompes funèbres sont soumis à l'approbation du gouvernement dans les villes ayant trois millions au moins de revenu (loi du 24 juillet 1867, art. 16), et à l'approbation des préfets dans les villes d'un revenu moindre (décret du 15 mars 1852).

pourrait en aucun cas contraindre un ministre du culte à prêter son ministère, ni commettre un autre ecclésiastique à cet effet. Ce droit (remarque inutile, si elle ne corrigeait les termes impropres de l'article 19 du décret de prairial reproduit ci-dessous) n'appartient qu'à l'évêque diocésain. Le maire doit se borner à faire présenter le corps à l'entrée de l'église, sans l'y introduire, et s'il y a nouveau refus de le recevoir, il doit le faire transporter au lieu des inhumations par les agents de la commune (circ. minist., 16 juin 1847). Les conseils de préfecture sont compétents pour statuer sur les contestations s'élevant entre les fabriques et les entrepreneurs de pompes funèbres (C. d'Et., 8 février 1855, 25 juin 1857, 18 mars 1858).

Dans les villes où, parce qu'il existe plusieurs paroisses, elles se réunissent en une seule entreprise et forment un syndicat qui centralise et dirige l'exploitation (C. d'Et., 28 janvier 1876), les fabriques peuvent agir en justice par un seul représentant (C. cass., 29 juillet 1873).

A qui appartient le droit de désigner le lieu de sépulture d'une femme mariée décédée sans avoir témoigné sa volonté ? La jurisprudence, non constante à cet égard, tend à faire prévaloir le droit du mari sur celui de la famille (Nancy, 14 août 1869). Mais quand une femme mariée n'a pas, avant son décès, exprimé l'intention d'être inhumée sans les cérémonies de l'église, le mari qui s'y opposerait, devrait être écarté par la famille (Lille, trib. des référés, 11 nov. 1874). Il faut admettre aussi que si deux époux ont fait célébrer leur mariage à l'église et fait baptiser leur enfant, la femme peut être autorisée par le juge des référés à faire enterrer cet enfant mineur par l'église, malgré l'opposition du mari (Douai, trib. des référés, 6 avril 1875).

Article 4. Dans toutes les églises, les curés, desservants et vicaires feront gratuitement le service exigé pour les morts indigents; l'indigence sera constatée par un certificat de la municipalité. — Article 5. Si l'église est tendue pour un convoi funèbre et qu'on présente ensuite le corps d'un indigent, il est défendu de détendre jusqu'à ce que le service de ce mort soit fini. — Article 6. Les règlements déjà dressés et ceux qui le seront à l'avenir par les évêques sur cette matière, seront soumis par notre ministre des cultes à notre approbation. — Article 7 *modifié par le décret décentralisateur du 25 mars 1852.* Les fabriques feront par elles-mêmes, ou feront faire par entreprise aux enchères, toutes les fournitures nécessaires au service des morts dans l'intérieur de l'église et toutes celles qui sont relatives à la pompe des convois. Elles dresseront à cet effet des tarifs et des tableaux gradués par classe; ils seront communiqués aux Conseils municipaux et *approuvés par les préfets.* — Article 8. Dans les grandes villes, toutes les fabriques se réuniront pour ne former qu'une seule entreprise (décret du 18 mai 1806 concernant le service dans les églises et les convois funèbres).

Article 18. Les cérémonies précédemment usitées pour les convois seront rétablies, et il sera libre aux familles d'en régler la dépense suivant leurs moyens et facultés; mais hors de l'enceinte des églises et des lieux de sépulture, les cérémonies religieuses ne seront permises que dans les communes où l'on ne professe qu'un seul culte, conformément à l'article 45 de la loi du 18 germinal an X. — Article 19. Lorsqu'un ministre d'un culte, sous quelque prétexte que ce soit, se *permettra* de refuser son ministère pour l'inhumation d'un corps, l'autorité civile, soit d'office; soit sur la réquisition de la famille, *commettra* un autre ministre du même culte pour remplir ces fonctions; dans tous les cas, l'autorité civile est chargée de faire porter, présenter, déposer et inhumer les corps. — Article 20. Les frais et rétributions à payer aux ministres des cultes et autres individus attachés aux églises, tant pour leur assistance aux convois que pour les services requis par les familles, seront réglés par le gouvernement, sur l'avis des évêques et des préfets, et sur la proposition du ministre des cultes. Il ne sera rien alloué pour leur assistance à l'inhumation des individus inscrits aux rôles des indigents. — Article 21. Le mode le plus convenable pour le transport des corps sera réglé suivant les localités, par les maires, sauf l'approbation des préfets. — Article 22. Les fabriques des églises jouiront seules du droit de fournir les voitures, tentures, ornements, et de faire généralement toutes les fournitures quelconques nécessaires pour les enterrements et pour la décence ou la pompe des funérailles. Les fabriques peuvent faire exercer et affermer ce droit d'après l'approbation des autorités civiles, sous la surveillance desquelles ils sont placés. — Article 23. L'emploi des sommes provenant de l'exercice et de l'affermage de ce droit sera consacré à l'entretien des églises, des lieux d'inhumation et au payement des desservants. Cet emploi sera réglé et réparti sur la proposition du ministre des cultes et d'après l'avis des évêques et des préfets. — Article 24. Il est expressément défendu à toutes autres personnes, quelles que soient leurs fonctions, d'exercer le droit sus-mentionné, sous telle peine qu'il appartiendra. — Article 25. Les frais à payer par les successeurs des personnes décédées, pour les billets d'enterrement, le prix des tentures, les bières et le transport des corps, seront fixés par un tarif proposé par les administrations municipales et arrêté par les préfets. — Article 26. Dans les villages et autres lieux où le droit précité ne pourra être exercé par les fabriques, les autorités locales y pourvoiront, sauf l'approbation des préfets (décret du 23 prairial an XII sur les sépultures).

Les revenus provenant des cimetières ont peu d'importance pour les fabriques. Ils ne se forment que du produit spontané de ces terrains, et par là il faut entendre seulement les arbustes, herbages et buissons venus spontanément, c'est-à-dire sans plantation ni culture. La loi les attribue aux fabriques en échange de l'obligation d'entretenir le cimetière. Les prix de concession de terrain appartiennent aux communes réputées propriétaires des cimetières et chargées de leur police. Il en est de même des arbres plantés par elle, ou poussant dans des haies de clôture, ou déjà existant lors de l'acquisition des terrains. D'après un avis du Conseil d'Etat (22 janvier 1842), la fabrique ne pourrait pas même les faire émonder à son profit; mais toute difficulté à ce sujet devrait être tranchée par les tribunaux judiciaires (c. d'Et., 24 mars 1849). Les produits spontanés ayant peu de valeur, il n'est pas nécessaire que la fabrique qui veut les vendre procède par voie d'adjudication publique; elle peut agir amiablement. Les croix et les tombes des concessions éteintes ne sont pas des produits. Si la famille ne les réclame pas, elles restent comme biens vacants en la propriété de l'Etat qui les abandonne à la commune. Mais celle-ci doit les faire servir à l'entretien du cimetière.

La fabrique reçoit des fidèles des oblations qui sont les unes facultatives, les autres obligatoires. Ces dernières sont tarifées et réglementées par l'évêque, sauf l'approbation du gouvernement, comme il est dit aux articles organiques, art. 69. Elles peuvent être dues également au curé ou desservant, et, dans ce cas, elles s'ajoutent, sous le nom d'honoraires, au traitement du prêtre qui a administré le sacrement dans sa circonscription ecclésiastique. Ces oblations du clergé n'étant pas un revenu de la fabrique, une saisie-arrêt du casuel appartenant au vicaire, pratiquée entre les mains du trésorier du Conseil de fabrique, ne serait point valable (trib. Seine, 12 avril 1877).

La Cour de cassation a reconnu à un père de famille domicilié dans une paroisse le droit de faire baptiser son enfant dans une succursale voisine et par le desservant de cette succursale sans être tenu envers le curé de sa paroisse du droit de baptême porté au tarif (25 février 1852). Mais dans un arrêt plus récent (5 juillet 1875) relatif aux oblations dues aux fabriques pour les sépultures, elle a déclaré légale et obligatoire la disposition d'un tarif diocésain approuvé par décret, qui, pour le cas d'inhumation opérée dans une paroisse autre que celle du décès et sans le concours du clergé de la paroisse du décès, attribue au curé et à la fabrique de cette dernière paroisse la même attribution que pour un service solennel.

Il est de principe qu'on doit donner à l'ecclésiastique chargé du service d'une fondation l'honoraire entier tel qu'il est déterminé par le titre de la fondation ou le règlement épiscopal (1), la fabrique ne devant retenir que la somme qui lui est assignée. Mais, par exception, on admet que les anciennes fondations de services religieux rétablis après la Révolution donnent droit seulement, pour le prêtre, à l'honoraire ordinaire, tel qu'il est fixé par le tarif diocésain, et que le surplus du revenu des biens affectés passe à la fabrique (décret du 22 fructidor an XIII; avis du C. d'Etat du 2 frimaire an XIV; Haute-Cour des Pays-Bas, 28 novembre 1873).

Parmi les oblations attribuées à la fabrique, on cite les cierges offerts sur les pains bénits. Les cierges portés par le clergé aux services funèbres lui appartiennent. Ceux placés autour du corps, à l'autel et dans les chapelles se partagent au poids entre la fabrique et le clergé (déc. minist., 31 mars 1837). Il en est de même du cierge apporté à l'église et placé près d'un cercueil du consentement du porteur, qui, par conséquent, ne pourrait le

____

(1) Les évêques peuvent réduire et la solennité et le nombre des messes instituées par des fondations ou legs pieux (C. d'Et., 27 février 1856).

reprendre sans en payer la valeur. Appartiennent au curé les cierges portés à la main et faisant partie des offrandes portées à l'autel. Quant aux oblations libres, elles reçoivent leur destination de l'usage ou de la volonté formelle ou présumée du donateur. Les difficultés entre le curé et les vicaires pour le partage des oblations sont de la compétence de l'évêque (décis. minist., 16 novembre 1807). (1)

Article 1. Les biens et revenus rendus aux fabriques par les décrets et décisions du 7 thermidor an XI et 25 frimaire an XII, soit qu'ils soient ou non chargés de fondations pour messes, obits ou autres services religieux, seront administrés et perçus par les administrateurs desdites fabriques, ils paieront aux curés, desservants ou vicaires, selon le règlement du diocèse, les messes, obits et autres services auxquels lesdites fondations donnent lieu, conformément au titre (décret du 22 fructidor, an XIII).

Article 1. Les administrateurs des hospices et des Bureaux de bienfaisance qui, en vertu de la loi du 4 ventôse an XI et des arrêtés y relatifs, auront été mis en possession de quelques biens et rentes chargés précédemment de fondations pour quelques services religieux, paieront régulièrement la rétribution de ces services religieux, conformément à notre décret du 22 fructidor

____

(1) En droit canon, l'évêque peut régler la distribution du casuel et des revenus ecclésiastiques, entre les prêtres de chaque paroisse et même entre les prêtres de son diocèse. Les provisions adressées par le Pape aux évêques qu'il institue canoniquement, portent en effet : *curam et administrationem N.... ecclesiæ in spiritualibus* ET TEMPORALIBUS *plenarie committimus.*

an XIII, aux fabriques des églises auxquelles ces fondations doivent retourner. — Article 2. Les fabriques (*l'évêque en droit canon*) veilleront à l'exécution des fondations et en compteront le prix aux prêtres (désignés par l'évêque : avis du Conseil d'Et., 22 novembre 1805) qui les auront acquittées (décret du 19 juin 1806).

Article 1. Dans toutes les paroisses de l'empire, les cierges qui, aux enterrements et services funèbres, seront portés par les membres du clergé, leur appartiendront ; les autres cierges placés autour du corps et à l'autel, aux chapelles ou autres parties de l'église, appartiendront, savoir : une moitié à la fabrique, et l'autre moitié à ceux du clergé qui y ont droit ; ce partage sera fait en raison du poids de la totalité des cierges (décret du 26 décembre 1813).

Article 76. Le trésorier portera parmi les recettes en nature les cierges offerts sur les pains bénits, ou délivrés pour les annuels, et ceux qui, dans les enterrements et services funèbres, appartiennent à la fabrique (décret du 30 déc. 1809).

En principe, les dépenses du culte paroissial sont supportées par les fabriques. Mais quand leurs ressources sont insuffisantes, les communes sont obligées d'y suppléer pour l'exercice coûrant comme pour les exercices antérieurs. (C. d'Et., 16 juillet et 7 août 1875, 16 novembre 1877). Elles doivent également pourvoir aux grosses réparations des églises et fournir au curé ou desservant le presbytère ou l'indemnité de logement (loi du 18 juillet 1837, art. 30). Les frais de prédication extraordinaire, d'ameublement de l'église quand le montant en a été régulièrement fixé (C. d'Et.,

12 mai 1876), le traitement du vicaire (C. d'Et., 16 janvier 1880) sont encore à leur charge, en cas d'insuffisance justifiée des ressources de la fabrique, et le préfet a pour devoir de les y contraindre quand elles s'y refusent (C. d'Et., 16 novembre 1877), sauf aux Conseils municipaux à se pourvoir contre la création même du vicariat s'ils le croient inutile (décis. minist., 1857) ou irrégulièrement institué (C. d'Et., 14 juin 1878). Mais le préfet excéderait ses pouvoirs en inscrivant d'office au budget de la commune une somme supérieure au montant du déficit du budget de la fabrique, tel qu'il résulte de la décision prise par l'évêque sur le vu des observations du Conseil municipal et dans le calcul duquel on ne considère que les dépenses régulièrement engagées (C. d'Et., 15 mars 1878 et précédent arrêt).

L'insuffisance des ressources de la fabrique s'établit devant le Conseil municipal par la production ou par la simple communication sans déplacement (C. d'Et., 14 juin 1878) de son budget et de ses comptes accompagnés au besoin de pièces justificatives. Les Conseils municipaux peuvent demander la réduction de quelques articles de la célébration du culte, mais ils ne pourraient pas contester la nécessité des dépenses votées par la fabrique et approuvées par l'évêque (C. d'Et., 9 novembre 1877). Repousse-t-elle la subvention demandée, l'évêque et le préfet sont appelés à se mettre d'accord, sinon la difficulté est portée devant le ministre des cultes (C. d'Et., 15 mars 1878). Quand il s'agit de travaux à exécuter, il importe que les devis estimatifs dressés par les architectes nommés par le préfet sur l'envoi de la délibération de la fabrique soient également soumis par lui au Conseil municipal, qui donnera son avis sur l'utilité des travaux.

Article 92. — Les charges des communes relativement au culte sont: 1° de suppléer à l'insuffisance des revenus de la fabrique, pour les charges portées à l'art. 37 ; 2° de fournir au curé ou desservant un presbytère, ou, à défaut de presbytère, un logement, ou, à défaut de presbytère et de logement, une indemnité pécuniaire ; 3° de fournir aux grosses réparations des édifices consacrés au culte. — Article 93. Dans le cas où les communes sont obligées de suppléer à l'insuffisance des revenus des fabriques pour ces deux premiers chefs, le budget de la fabrique sera porté au Conseil municipal, dûment convoqué à cet effet, pour y être délibéré ce qu'il appartiendra. La délibération du Conseil municipal devra être adressée au préfet, qui la communiquera à l'évêque diocésain, pour avoir son avis. Dans le cas où l'évêque et le préfet seraient d'avis différents, il pourra en être référé, soit par l'un, soit par l'autre, à notre ministre des cultes. — Article 94. S'il s'agit de réparations de bâtiments, de quelque nature qu'elles soient, et que la dépense ordinaire arrêtée par le budget ne laisse pas de fonds disponibles, ou n'en laisse pas de suffisants pour ces réparations, le bureau en fera son rapport au conseil, et celui-ci prendra une délibération tendant à ce qu'il y soit pourvu par la commune ; cette délibération sera envoyée par le trésorier au préfet. — Article 95. Le préfet nommera les gens de l'art par lesquels, en présence de l'un des membres du Conseil municipal et de l'un des marguilliers, il sera dressé, le plus promptement qu'il sera possible, un devis estimatif des réparations. Le préfet soumettra ce devis au Conseil municipal, et sur son avis, ordonnera, s'il y a lieu, que ces réparations soient faites aux frais de la commune, et, en conséquence, qu'il soit procédé par le Conseil municipal, en la forme accoutumée, à l'adjudication au rabais. — Article 96. Si le Conseil municipal est d'avis de demander une réduction sur quelques articles de dépense de la célébration du culte, et dans le cas où il ne reconnaîtrait pas la necessité de l'établissement d'un vicaire, sa délibération en portera les motifs. Toutes les pièces seront adressées à l'évêque, qui prononcera. — Article 97. Dans le cas où l'évêque prononcerait contre l'avis du Conseil municipal, ce Conseil pourra s'adresser au préfet, et celui-ci enverra, s'il y a lieu, toutes les pièces au ministre des cultes, pour être par nous, sur son rapport, statué en notre Conseil d'Etat ce qu'il appartiendra (décret 30 décembre 1809).

DÉPENSES DU CULTE

Les dépenses du culte sont à la charge des fabriques. Elles sont ou ordinaires ou extraordinaires, et parmi les premières, il faut ranger d'abord les frais nécessaires à la célébration du culte, comme les ornements (chasubles, étoles, manipules, chapes aux couleurs liturgiques, bannière, dais; décis. minist., 18 novembre 1849), les vases sacrés (calices et patènes, ostensoirs, ciboires, custode, crémière, burettes et bassin, encensoir et navette, seau et goupillon, sonnette, lampe, chandeliers, crucifix mobile, croix de procession, fontaine et cuvette pour la sacristie, fonts baptismaux), le linge (linge d'autel, nappes, corporaux, purificatoires, manuterges, aubes, surplis), le luminaire, l'encens, le pain, le vin, les livres (missels, graduels, antiphonaires, psautiers, rituels et cartons), en un mot tous objets indispensables au culte, l'usage réglant leur qualité et leur quantité. En second lieu, la fabrique est chargée du traitement (500 francs au plus et 300 francs au moins) des vicaires au nombre fixé par l'évêque, sur l'avis du Conseil municipal, de l'honoraire des prédicateurs (1) voté par la fabrique entière ou seulement par le bureau, selon qu'il s'élève au-dessus de 100 francs ou qu'il s'arrête à cette somme dans les paroisses de plus de mille âmes, et dans les autres, selon qu'il dépasse ou non 50 francs (décret du 30 déc. 1809, article 12, 4°), du paiement des sacristains, suisses, bedeaux, sonneurs, chantres, organistes et autres serviteurs de l'église. La fabrique pourvoit encore à la décoration du temple et à son embellissement intérieur d'après les facultés des habitants de la paroisse, à son entretien, au bon état du cimetière et de la maison presbytérale.

En cas d'insuffisance de ses revenus, la fabrique doit faire toutes les diligences nécessaires pour qu'il y soit pourvu aux frais de la commune. Mais il se peut que les biens communaux ne suffisent pas à leur tour pour suppléer au défaut des revenus de la fabrique, et alors le Conseil municipal délibère selon les règles prescrites en matière d'impositions extraordinaires (loi du 18 juillet 1837, art. 32).

Article 37. Les charges de la fabrique sont : 1° De

(1) On s'est demandé si une fondation pourrait valablement attribuer au curé le choix du prédicateur de l'office fondé. Mais ce point ne paraîtrait douteux à personne, si des solutions administratives n'avaient été émises en sens contraire (avis du C. d'Et., 23 décembre 1852; décis. minist., 3 avril 1861). — Le curé prêchant lui-même la station dans son église a droit, en équité, aux honoraires.

fournir aux frais nécessaires du culte, savoir : les ornements, les vases sacrés, le linge, le luminaire, le pain, le vin, l'encens, le paiement des vicaires, des sacristains, chantres, organistes, sonneurs, suisses, bedeaux et autres employés au service de l'église, selon la convenance et le besoin des lieux ; 2° de payer l'honoraire des prédicateurs de l'avent, du carême et autres solennités ; 3° de pourvoir à la décoration et aux dépenses relatives à l'embellissement intérieur de l'église ; 4° de veiller à l'entretien des églises, presbytères et cimetières ; et, en cas d'insuffisance des revenus de la fabrique, de faire toutes diligences nécessaires pour qu'il soit pourvu aux réparations et reconstructions (décret du 30 décembre 1809).

Les dépenses extraordinaires de la fabrique sont les grosses réparations et reconstructions de l'église auxquelles elle doit affecter l'excédant de ses revenus après acquittement de ses dépenses ordinaires (article 46 du décret de 1809). Elle doit, à cet égard, se mettre en rapport avec les représentants de la commune ; mais elle pourrait être autorisée à exécuter les travaux malgré l'opposition du Conseil municipal, quand ces travaux ne sont pas de nature à compromettre la solidité de l'édifice ni à engager les finances communales (C. d'Et., 17 juillet 1874).

PROPRIÉTÉ DES EGLISES

Les églises sont dites cathédrales et métropolitaines, paroissiales et vicariales. Confiées à la
surveillance des fabriques chargées de les défendré
contre tout envahissement (C. cass., 7 juillet 1840),
il semble évident que le droit civil appuyé sur le
droit historique et sur le droit naturel s'oppose à
l'attribution des églises à l'Etat et aux communes.
Cependant la jurisprudence administrative et plus
d'une fois la jurisprudence judiciaire ont consacré
le système contraire. Elles placent les cathédrales
dans le domaine public national, les mettent hors du
commerce, et les dotent des privilèges ordinaires de
la domanialité. Les départements n'ont aucun droit
sur ces édifices. Leurs allocations sont, en effet,
purement facultatives, tandis que l'Etat doit toujours
pourvoir, en cas d'insuffisance des ressources des
fabriques, aux reconstructions et réparations des
églises cathédrales et métropolitaines (circ. minist.,
18 juin et 8 juillet 1825). D'après la même opi-

nion, les églises paroissiales et les chapelles relevant d'une circonscription ecclésiastique font partie du domaine communal, quand il ne s'agit pas d'un pays annexé, comme la Savoie, où les lois attribuaient les églises et leurs dépendances aux fabriques (trib. de Chambéry, 4 février 1880), ou d'édifices autres que ceux déclarés biens nationaux par les lois révolutionnaires et les églises construites avec les deniers des communes ou acquises par testament ou donation. Les fabriques sont propriétaires des édifices construits ou acquis avec leurs propres ressources, et des églises qui leur ont été léguées spécialement, ou qui, demeurées sans emploi après l'organisation ecclésiastique, ont fait l'objet des décrets de restitution des 30 mai 1806 et 17 mars 1809.

Les églises paroissiales ainsi comprises par la jurisprudence dans le domaine public communal, sont indisponibles tant que dure leur affectation au culte. Elles sont inaliénables, imprescriptibles, et cette indisponibilité s'étend non seulement à leur ensemble, mais encore à chacune de leurs parties principales ou accessoires (Montpellier, 11 février 1875, où il est dit qu'un voisin ne peut pratiquer des fenêtres d'aspect sur un escalier affecté au service d'une église). On ne pourrait donc pas acquérir, de quelque manière que ce soit, aucun droit de propriété ou de servitude sur les chapelles contiguës, sur les bancs, places, tableaux (Lyon, 30 juillet 1874) et moindre dépendance. En outre, il a été jugé que les droits accordés par l'ancienne législation aux fondations sur des chapelles ou sur des bancs réservés avaient été tous détruits par la mainmise nationale (Limoges, 22 août 1838, et C. cass., 18 juillet 1838 et 6 décembre 1866).

Les dépendances d'une église comprennent toute partie de cette église, tout objet qui s'y trouve joint ou incorporé; par exemple : les autels, boiseries avec les ornements et tableaux qui y sont encadrés, la chaire, les stalles, les tribunes, les grands jeux d'orgue, l'horloge, les statues placées dans une niche faite pour les recevoir, encore qu'elles puissent être enlevées sans fracture ou détérioration, enfin tous objets qui, aux termes de l'art. 525 du code civil, sont scellés en plâtre ou à chaux, ou à ciment, ou qui ne peuvent être détachés sans être fracturés et détériorés, ou sans briser ou détériorer la partie de l'édifice à laquelle ils sont attachés. Cette énumération ne s'étend pas aux vases sacrés, candélabres, encensoirs, croix, chaises et linges consacrés à la célébration du culte, et qui, restant meubles, appartiennent à la fabrique et sont susceptibles d'être aliénés. Toutefois des mesures de précaution sont prises dans la pratique administrative (décis. minist., 20 août 1856 et 8 février 1859) pour assurer la conservation des objets d'art qui se trouvent dans les églises. L'administration interdit aux fabriques de les aliéner sans une autorisation de l'évêque et du préfet. La jurisprudence de la Cour de cassation tend également à reconnaître l'indisponibilité des œuvres et objets d'art consacrés aux cultes (12 juillet 1879), et un projet de loi ainsi conçu fut présenté le 27 mai 1878 à la Chambre des députés : « Les objets d'art, les objets ayant un cachet archéologique, les meubles historiques ou précieux, les collections artistiques, scientifiques et littéraires, et généralement tous les objets mobiliers représentant les mêmes caractères n'appartenant pas à des particuliers, font partie du domaine public de l'Etat, des départements, des communes, fabriques et établissements publics. »

Sont encore protégés par le principe de l'indisponibilité les murs, contreforts, piliers, en un mot toutes les parties extérieures des églises (Paris, 18 février 1851 ; Riom, 19 mai 1854). Donc, si des particuliers y avaient adossé des constructions, il y aurait lieu d'en demander la démolition, quel que fût le laps de temps écoulé depuis cet événement. Cette solution n'est point douteuse, mais on discute la question de savoir si les terrains compris entre les contreforts sont également imprescriptibles. La Cour de cassation, qui ne l'a point admis dans son arrêt du 7 novembre 1860, considère ces terrains comme étant situés en dehors de l'édifice et ne formant pas une dépendance nécessaire et indispensable à leur destination publique. Au contraire, la cour d'Agen, par son arrêt du 2 juillet 1862, a étendu l'indisponibilité non seulement aux terrains compris entre les

contreforts et sur lesquels s'étendent les larmiers,
mais encore au *tour d'échelle* sans lequel les réparations des murs et contreforts seraient impossibles.
Cette décision paraît conforme à l'avis du Conseil
d'Etat du 25 janvier 1807, qui réserve un chemin
de ronde autour des églises quand un cimetière
adjacent est supprimé.

L'action en démolition des constructions, comme
toutes les actions concernant l'église, sera intentée
soit par la commune propriétaire, soit par la
fabrique chargée de veiller à la conservation de
l'édifice (Bordeaux, 6 février 1838; C. cass., 7
juillet 1840 et 15 novembre 1863). En vain, la
partie défenderesse invoquerait le droit accordé
par l'article 661 du Code civil à tout propriétaire
joignant un mur d'en acquérir la mitoyenneté, ou
prétendrait avoir acquis un droit quelconque de
servitude : la mitoyenneté, qui est une co-propriété,
n'atteint pas les murs d'un édifice public hors du
commerce, et la servitude est un démembrement de
la propriété dont un particulier ne saurait ici non
plus se prévaloir (C. cass., 5 décembre 1838).

On va plus loin, et l'on refuse au tiers l'exercice
des simples actions possessoires fondées sur la
possession annale. Ces actions ne peuvent être
intentées que par la commune ou par la fabrique.
Ainsi l'a jugé plusieurs fois la Cour de cassation, en
déclarant irrecevable la complainte d'un particulier
troublé dans la possession d'un banc ou d'une
chapelle : « Attendu que, pour être réintégré, il faut

que la chose possédée soit susceptible d'être acquise par prescription....., que, dans l'espèce, le tribunal, en reconnaissant qu'il s'agissait d'un édifice public consacré au culte, et faisant partie intégrante de l'édifice (d'Annet), par conséquent hors du commerce, en a justement tiré la conséquence que la dame de Courcy n'avait eu ni pu avoir une possession *animo domini*, ni jouissance exclusive... » (C. cass., 1 décembre 1823 ; 15 avril 1825 et 22 juillet 1874). Au point de vue de la propriété, il n'est pas douteux qu'une chapelle antérieure à 1789, attenante à une église, mais bâtie hors de son enceinte et sur un terrain privé, puisse appartenir encore à la famille du constructeur (C. cass., 17 mars 1869). Mais c'est aux tribunaux de première instance à apprécier les faits et à reconnaître directement cette propriété s'il y a lieu.

Posons la question de savoir si une commune, qui possède une ancienne église, tour ou chapelle, peut aliéner cet édifice quand il se trouve classé parmi les monuments historiques.

Il est évident qu'à défaut de cette circonstance particulière, l'église, tour ou chapelle, ayant cessé d'appartenir au service du culte paroissial, serait aliénable ; mais le classement dont il s'agit, ayant précisément pour objet la conservation du monument par le moyen de subventions, ces sacrifices, joints à l'intérêt des arts et des études archéologiques, exigent tout au moins que la commune propriétaire ne puisse l'aliéner sans l'assentiment de l'administration (décis. minist. 1855).

Article 1. Les églises et presbytères qui, par suite de l'organisation ecclésiastique, seront supprimées, font partie des biens restitués aux fabriques et sont réunis à celles des cures et succursales, dans l'arrondissement dans lesquelles ils seront situés. Ils pourront être échangés, loués ou aliénés au profit des églises et des presbytères des chefs-lieux. — Article 2. Les échanges ou aliénations n'auront lieu qu'en vertu de décrets. — Article 3. Les baux à loyer devront être approuvés par les préfets. — Article 4. Les produits des locations ou aliénations des églises et des revenus des biens pris en échange, seront employés soit à l'acquisition des presbytères, ou de tout autre manière, aux dépenses du logement des curés et desservants dans les chefs-lieux de cure ou de succursale où il n'existe pas de presbytère (décret du 30 mai 1806).

Article 1. Les dispositions des articles 72 et 75 de la loi du 18 germinal an X sont applicables aux églises et aux presbytères qui ayant été aliénés sont rentrés dans les mains du domaine pour cause de déchéance. — Article 3. Les dispositions du décret du 30 mai 1806 pourront être appliquées aux chapelles de congrégations et aux églises de monastères non aliénés ni concédés pour un service public et actuellement disponibles (décret du 17 mars 1809, *restituant aux fabriques les biens aliénés et rentrés dans le domaine par suite de déchéance*).

POLICE DES ÉGLISES

Le droit que la jurisprudence tend à reconnaître aux communes sur les églises paroissiales n'est pas la propriété pleine et entière, c'est une faculté restreinte et d'une nature particulière, une nue propriété indisponible. La fabrique est tout au moins usufruitière de l'église, et cette qualité lui attribue la pleine jouissance de l'édifice. Cependant on a prétendu que cette jouissance se bornait aux avantages dérivant de la célébration du culte et que, par exemple, la commune pourrait revendiquer les produits d'un colombier existant dans le clocher paroissial (décis. minist., 1863).

La garde et la police de l'église regardent le curé qui l'exerce avec le concours des suisses et des bedeaux. L'autorité municipale ne devrait intervenir que si le curé réclamait son assistance, ou s'il se commettait un délit dans l'église, ou s'il s'y faisait des travaux dangereux. Ces motifs à part, le curé ou le desservant ne reconnaît dans son église d'autre autorité que celle de l'évêque diocésain. Il

est seul dépositaire des clefs de l'édifice et ne doit
les remettre qu'à son successeur ou , quand celui-
ci n'est pas arrivé , au marguillier désigné par
l'évêque (décis. minist., 28 juillet 1806), et s'il ne
peut interdire l'entrée de l'église à qui il lui plaît,
si les églises sont ouvertes gratuitement au public ,
il peut du moins faire sortir ceux qui troubleraient
l'ordre et porteraient atteinte d'une manière quelconque à la sainteté du lieu.

Article 1. Les églises sont ouvertes gratuitement au
public : en conséquence, il est expressément défendu
de n'en percevoir dans les églises et à leur entrée de plus
que le prix des chaises , sous quelque prétexte que ce soit
(décret du 18 mai 1806 *sur le service dans les églises*;
décret du 30 décembre 1809, article 65).

Article 29. Le curé ou desservant se conformera aux
règlements de l'évêque pour tout ce qui concerne le
service divin, les prières et les instructions et l'acquittement des charges pieuses imposées par les bienfaiteurs, sauf les réductions qui seraient faites par l'évêque
conformément aux règles canoniques, lorsque le défaut
de proportion des libéralités et des charges qui en sont
la condition l'exigera (décret du 30 décembre 1809).

Le curé ou desservant agrée les prêtres habitués
et leur assigne leurs fonctions. C'est lui qui désigne
le sacristain-prêtre, le chantre-prêtre et les enfants
de chœur. Il propose aux marguilliers le choix des
prédicateurs, la nomination et la révocation de
l'organiste, des sonneurs, bedeaux, suisses ou
autres serviteurs de l'église, et les nomme ou les

révoque directement dans les communes rurales.
Il règle, d'accord avec les marguilliers et sauf le
recours à l'évêque, la distribution intérieure de
l'église, comme le placement des chaises, l'ordonnance générale du mobilier et la suppression des
objets qui pourraient gêner le service divin. Il est
tenu seulement de réserver une place où les fidèles
qui ne louent pas de chaises puissent assister aux
cérémonies du culte, et de laisser les chaises ou
bancs non concédés aux premiers occupants qui en
paient le prix de location (décret du 30 décembre
1809, art. 65). L'autorité judiciaire n'est pas compétente pour statuer sur le placement ou la suppression de bancs ordonnés par le curé ou desservant en vertu d'une délibération des marguilliers :
tout différend qui s'élèverait à ce sujet serait jugé
par l'évêque diocésain (C. cass., 22 avril 1868). Il
en est de même de tout débat portant sur la nomination et révocation des serviteurs de l'église (Paris,
17 nov. 1868 ; C. cass., 13 juillet 1871 qui ajoute
l'autorité administrative).

Article 30. Le curé ou desservant agréera les prêtres
habitués et leur assignera leurs fonctions. — Dans les
paroisses où il en sera établi, il désignera le sacristain-
prêtre, le chantre-prêtre et les enfants de chœur. —
Le placement des bancs ou chaises dans l'église ne pourra
être fait que du consentement du curé ou desservant,
sauf le recours à l'évêque. — Article 32. Les prédicateurs
seront nommés par les marguilliers, à la pluralité des
suffrages, sur la présentation faite par le curé ou desservant, et à la charge par lesdits prédicateurs d'obtenir

l'autorisation de l'ordinaire. — Article 38. La nomination et la révocation de l'organiste, des sonneurs, des bedeaux, suisses ou autres serviteurs de l'église, appartient aux marguilliers, sur la proposition du curé ou desservant. (décret du 30 décembre 1809).

Article 7. Dans les communes rurales, la nomination et la révocation des chantres, sonneurs et sacristains seront faites par le curé, desservant ou vicaire; leur traitement continuera à être réglé par le Conseil de fabrique et payé par qui de droit (ordonnance du 12 janvier 1825).

Il y a dans l'église deux objets sur lesquels se rencontrent les droits de la commune et les droits du curé. Ce sont les cloches et l'horloge.

Les cloches ont une double destination. Spécialement affectées aux cérémonies du culte, elles peuvent être employées à des usages civils et servir à appeler les habitants dans les campagnes, à signaler des incendies, à demander du secours, à réunir les citoyens contre un péril commun. Dans ces circonstances, les sonneries sont obligatoires, et le maire a une autorité propre pour les ordonner. Le curé, qui seul a la clef des cloches comme celle de l'église, ne saurait donc ici se refuser à les céder. De même, il doit se prêter aux usages établis dans la commune. Mais là s'arrêtent ses obligations, et le maire, sans son assentiment, ne pourrait, pour d'autres motifs, faire sonner les cloches.

Le maître des cloches est le desservant ou le curé. Il en a la garde et le service ; il nomme le sonneur dans les communes rurales, et dans les villes le propose aux marguilliers.

Les cloches sont meubles et appartiennent aux fabriques. Elles deviennent immeubles par destination dans les cas énumérés aux articles 524 et 525 du Code civil, mais non quand elles sont installées dans le clocher au moyen d'une charpente isolée et non adhérente à la maçonnerie. La fabrique remplace les cloches quand il y a lieu ; elle en fixe le nombre et le poids, sous l'approbation de l'évêque (lettre minist., 7 décembre 1858); mais le maire pourrait s'opposer à l'introduction dans le clocher, de cloches dont le poids ou la force ne serait pas en rapport avec la sienne (Cour de Rouen, 23 avril 1866).

Il appartient à la fabrique et au curé de soumettre la sonnerie des baptêmes, mariages, enterrements et autres cérémonies particulières à des droits qui peuvent être perçus lorsqu'ils ont été déterminés dans le tarif des oblations approuvé par le gouvernement (décis. minist., 29 mai 1806). Le maire ne saurait être autorisé à faire concurrence aux fabriques et à sonner la cloche du beffroi de la ville dans des circonstances semblables moyennant l'acquittement de certains droits (décis. minist., 1860). Il ne pourrait pas non plus exiger l'emploi des cloches de l'église pour des célébrations concernant des personnes étrangères au culte, ni pour l'enterrement de celles à qui les prières de l'Eglise auraient été refusées, ni pour fêter un événement politique, comme l'élection d'un député.

D'autre part, le curé se conformera aux règlements tracés par l'évêque et le préfet (articles organiques, art. 48). La loi ne lui laisse point, en effet, une pleine initiative en prévoyance des cas où le son immodéré des cloches deviendrait incommode aux habitants (1). L'emploi des cloches pourrait même être suspendu dans les temps d'épidémie où leur son influencerait l'imagination des malades et, en temps ordinaire, lorsque la sonnerie compromettrait la solidité de l'édifice.

Les raisons qui précèdent peuvent expliquer

(1) Voici, sur ce point, un jugement du 4 juin 1881 rendu par le tribunal de Cholet et infirmant le jugement du juge de paix de Montrevault, M. Volée, qui avait condamné le curé de Beaupréau, comme auteur de bruits et tapages nocturnes : « Attendu qu'aux termes de l'article 479,8°, du Code pénal, les bruits ou tapages injurieux ou nocturnes ne constituent une infraction punissable qu'autant qu'ils ont troublé la tranquillité des habitants ; — attendu que s'il est constant et reconnu par Louis Guimier, curé de Beaupréau, que les cloches de l'église de cette commune ont été sonnées le 3 novembre dernier à deux heures du matin, il ne résulte ni des constatations insérées aux procès-verbaux de la gendarmerie, ni de la déclaration des témoins entendus devant le juge de paix de Montrevault, ni des autres pièces du dossier, non plus que des débats, que cette sonnerie de cloches ait eu pour effet de troubler la tranquillité des habitants, et que la preuve du contraire se déduit même en fait d'une saine appréciation des documents susvisés ; — attendu, d'ailleurs, qu'il ne résulte pas des documents de la cause ni des débats que cette sonnerie de cloches ait eu lieu sur l'ordre de l'appelant, ni que Louis Guimier se soit rendu coupable de ce fait par l'un des moyens énoncés dans l'article 60 et suivants du Code pénal, ou de toute autre manière ; par ces motifs, etc.... »

aussi pourquoi les communautés religieuses doivent soumettre à l'autorisation préfectorale le règlement qu'elles désirent adopter pour la sonnerie des cloches de leurs oratoires (avis du comité de l'intérieur du 28 août 1822).

A l'occasion d'une contestation survenue entre Mgr l'évêque de Coutances et le maire de cette ville, le comité de législation du Conseil d'Etat a émis, le 17 juin 1840, l'avis :

1° Que les cloches des églises sont spécialement affectées aux cérémonies de la religion catholique, d'où il suit qu'on ne peut en exiger l'emploi pour les célébrations concernant des personnes étrangères au culte catholique, ni pour l'enterrement de celles à qui les prières de l'Eglise auraient été refusées en vertu des règles canoniques ; 2° que le curé ou desservant doit avoir seul la clef du clocher, comme il a celle de l'église, et que le maire n'a pas le droit d'avoir une seconde clef ; 3° que les usages existants dans les diverses localités, relativement au son des cloches des églises, s'ils ne présentent pas de graves inconvénients, et s'ils sont fondés sur de vrais besoins, doivent être respectés et maintenus ; 4° qu'à cet égard le maire doit se consulter avec le curé ou desservant ; que les difficultés qui pourraient s'élever entre eux sur l'application de cette règle doivent être soumises à l'évêque et au préfet, lesquels s'entendront pour la résoudre et pour empêcher que rien ne trouble la bonne harmonie qui doit régner entre l'autorité ecclésiastique et l'autorité municipale ; 5° que, dans ce cas, il paraît juste que la commune contribue au paiement du sonneur des cloches de l'église, en proportion des sonneries affectées à ses besoins communaux ; mais que ce sonneur ne doit être nommé et ne peut être révoqué que par les curés ou desservants dans les communes rurales, et par les marguilliers, sur la proposition du curé et desservant dans les communes urbaines, ainsi qu'il est prescrit par le décret du 30 décembre 1809 et par l'ordonnance du 12 janvier 1825; 6° que toute nomination ou tout acte passé contrairement à ces prescriptions ne saurait être maintenu; 7° que dans le cas de péril commun qui exige un prompt secours, ou dans les circonstances dans lesquelles des dispositions de lois ou règlements ordonnent des sonneries, le curé ou desservant doit obtempérer aux réquisitions du maire, et qu'en cas de refus, le maire peut faire sonner les cloches de son autorité privée.

L'horloge placée dans le clocher de l'église a une destination moins religieuse que celle des cloches, et l'on concède jusqu'à un certain point que les droits du maire priment ici ceux du curé. Le maire nomme l'agent chargé de la direction de l'horloge, mais le curé qui devra lui remettre les clefs du clocher doit être au moins consulté sur le choix de l'horloger. En outre, si deux portes différentes donnaient accès au clocher, l'une s'ouvrant sur la voie publique et l'autre dans l'église, le curé, en vertu de son droit de police, aurait le droit d'ouvrir la première et de fermer la seconde (décis. minist. 1858).

Une autre conséquence du droit de police qui appartient au curé et du droit exclusif qu'il a d'avoir les clefs de l'édifice, c'est sa faculté pleine et entière de les refuser à tout autre qu'au sonneur, horloger, guetteur ou autre agent communal connu, et la nécessité pour l'autorité municipale de demander son autorisation, quand elle désire illuminer le clocher paroissial ou y arborer un drapeau.

———

DES PRESBYTÈRES
ET DES BIENS CURIAUX

Les presbytères ne sont pas regardés comme aussi directement affectés au service public que les églises. Ce sont des maisons d'habitation que les communes sont tenues dans tous les cas, d'après la jurisprudence des tribunaux judiciaires et la doctrine (examen du décret de 1809), et seulement en cas d'insuffisance des revenus de la fabrique, d'après la jurisprudence du Conseil d'Etat (21 nov. 1879), de fournir aux curés ou desservants, et qui sont soumises à la plupart des règles du droit commun (C. cass., 21 janvier 1868). On leur applique notamment l'article 661 du code civil concernant le droit de mitoyenneté (décis. minist., 1868), mais on les exempte de la contribution foncière (C. d'Et., 10 mars 1862). Quant à la contribution mobilière et celle des portes et fenêtres, elles sont à la charge du curé ou desservant, le presbytère étant affecté à son habitation personnelle (loi du 21 avril 1832, art. 15 et 27). Toutefois, en ce qui

concerne la contribution mobilière, il est de jurisprudence qu'au cas où des vicaires ou autres
auxiliaires logeraient dans le presbytère, il y a lieu
d'établir des cotes multiples ou une seule cote,
suivant qu'il y a ou non des habitations distinctes.
Ainsi le vicaire qui occuperait une simple chambre
du presbytère ne devrait pas l'impôt, et l'imposition
du curé comprendra la taxe de ce vicaire (C. d'Et.,
10 juillet 1874, 27 avril 1877 ; et pour justifier la
distinction : 13 mars 1860, 28 mars 1872, 1 mai,
19 juin, 10 juillet, 11 décembre 1874, 11 juillet
1879) (1). Les ministres du culte et les vicaires
sont encore assujettis aux prestations pour réparation des chemins vicinaux (loi du 21 mai 1836),
mais les commissions de répartiteurs ont la faculté
de les omettre (décis. minist., 15 février 1837 et
4 mai 1876).

L'obligation imposée aux communes de loger le
ministre du culte se fonde sur les convenances qui
exigent qu'on lui donne une habitation décente et
moins mobile qu'une location. D'ailleurs les
fabriques pourraient avoir acquis ou fait construire
elles-mêmes des presbytères qui leur appartien-
draient alors aussi bien qu'aux communes dans le

____

(1) Le curé, le desservant ou le vicaire, transféré d'une
paroisse dans une autre, paiera les contributions personnelle et mobilière dans sa dernière résidence, s'il a changé
de domicile avant le 1er janvier, pendant ou après la confection des rôles, et s'il justifie qu'il est imposé dans sa
nouvelle paroisse (C. d'Et., 2 novembre et 12 décembre
1871).

même cas (Paris, 27 juin 1868 ; C. cass., 11 mai 1869). Mais en outre ces dernières ont souvent été reconnues propriétaires de tous les presbytères qui ont été rendus à leur destination par la loi de germinal an X et les décrets des 30 mai 1806 et 17 mars 1809.

Le Conseil d'État, consulté par M. le garde des sceaux sur la question de savoir « si la propriété des presbytères et leurs dépendances, restitués en exécution de la loi du 18 germinal an X, appartiennent aux communes ou aux fabriques, et si par suite, les distractions d'une partie de ces presbytères opérées pour le service des communes, conformément à l'ordonnance du 3 mars 1825, peuvent être grevées de clauses de retour ou de toute autre indemnité au profit des fabriques, » est d'avis : que la propriété des presbytères des paroisses conservées par l'organisation ecclésiastique appartient aux communes dans la circonscription desquelles ces paroisses sont situées, et que la distraction des parties superflues desdits presbytères doit être ordonnée sans indemnité pour les fabriques (avis du Conseil d'État du 3 novembre 1836).

Se sont prononcées dans le même sens les Cours de Limoges (3 mars 1835), de Grenoble (2 janvier 1836), de Paris (29 décembre 1836). Mais le droit des fabriques, beaucoup plus conforme à l'article 13 du Concordat, peut s'appuyer sur un arrêt de la Cour de cassation du 6 décembre 1836.

Le curé et le desservant sont tenus des mêmes obligations que les locataires. Cependant la jouissance qui leur est laissée pendant la durée de leur

ministère dans la succursale ou dans la cure, n'est
pas assimilable entièrement à la jouissance d'un
locataire. Quoique tenus des réparations locatives
et des dégradations survenues par leur faute, ils ne
paient pas de loyer et ne peuvent ni sous-louer le
presbytère, ni en tirer parti de quelque manière
que ce soit, quand même ils posséderaient dans la
paroisse un logement qu'ils occuperaient de préférence. Ce n'est pas non plus la jouissance de
l'usufruitier dont les obligations et les droits sont
plus étendus, c'est une situation particulière, une
jouissance personnelle, mais non pas tellement
exclusive qu'elle ne permette aux curés et desservants de cohabiter avec des membres de leur famille
ou des personnes attachées à leur service (décis.
minis., 1857). (1) A leur entrée dans le presbytère,
il est dressé un état des lieux, et le maire a qualité,
quand le presbytère appartient à la commune, pour
requérir la sortie du curé ou desservant qui n'a
plus le titre curial, et exiger la remise des clefs,
afin de faire constater par experts l'état des lieux.
Les réparations locatives, les dégradations volontaires sont à la charge du curé sortant, de ses
héritiers ou de ses ayants-cause (Paris, 27 juin
1868, et C. cass., 10 mai 1869).

(1) Les ministres du culte ont droit aux affouages communaux (Code forestier), et notamment les vicaires peuvent
réclamer leur inscription sur la liste des affouagistes aussitôt après leur installation et non pas seulement après un
an de résidence dans la commune (*contrà*, décis. minist.,
30 août 1810).

Article 44. Lors de la prise de possession de chaque curé ou desservant, il sera dressé, aux frais de la commune et à la diligence du maire, un état de situation du presbytère et de ses dépendances. Le curé ou desservant ne sera tenu que des simples réparations locatives, et des dégradations survenues par sa faute. Le curé ou desservant sortant, ou ses héritiers ou ayants-cause sont tenus desdites réparations locatives et dégradations (décret du 30 décembre 1809).

La commune qui n'est pas en état de fournir un presbytère doit une indemnité de logement (loi du 18 juillet 1837, art. 30). Tout refus non motivé de sa part oblige le préfet à recourir à l'inscription d'office (C. d'Et., 28 janvier 1876), et le Conseil d'Etat, s'il est saisi par voie de recours pour excès de pouvoir, statue définitivement. C'est le mode ordinaire de procéder quand une commune refuse à tort de concourir aux frais du culte. Remarquons qu'il n'est point dû d'indemnité pour la jouissance d'un jardin, quand il ne peut en être fourni en nature. En effet, la jonction d'un jardin au logement curial n'est imposée ni par la loi de germinal, ni par les décrets de l'an XII et de 1809, et l'administration, qui jusqu'ici a encouragé les communes à faire cette dépense, ne paraît avoir agi que par condescendance envers le clergé des campagnes. Pour ce qui regarde les curés des villes divisées en plusieurs paroisses, il faut que les habitations curiales soient situées dans les circonscriptions paroissiales respectives. Cela résulte de l'article 29 de la loi de germinal an X, qui oblige les curés à résider dans leurs paroisses.

J'ai reproduit ci-dessus l'avis du Conseil d'Etat où il est question de distraction des parties superflues d'un presbytère. Ce point réclame quelques développements. Quand une commune est sérieusement intéressée à la distraction des parties superflues d'un presbytère ou de ses dépendances, comme le jardin, les granges, les écuries, soit que les portions distraites soient nécessaires pour un autre service, soit qu'il s'agisse d'en consacrer le prix de vente à l'amélioration des parties conservées, le maire la propose au Conseil municipal qui prend à ce sujet une délibération motivée. Cette délibération est transmise au sous-préfet avec un plan modificatif de l'habitation curiale, y indiquant la contenance des terrains qui en font partie. Ensuite ce fonctionnaire ordonne une enquête dont le procès verbal est communiqué au Conseil municipal et à la fabrique. Sur les délibérations de ces Conseils, le sous-préfet émet encore son avis et transmet les pièces au préfet qui les communique à l'évêque diocésain. Celui-ci accepte-t-il la mesure proposée, le préfet peut prendre un arrêt autorisant la distraction (décret du 25 mars 1852, tableau A, § 45); au contraire, rejette-t-il le projet, le préfet transmet le dossier au ministre de l'intérieur, celui-ci au ministre des cultes, et l'affaire étant soumise au Conseil d'Etat, un décret intervient qui autorise, s'il y a lieu, la distraction (circ., 3 mai 1852;

instr. minist., 1858; ordonnance royale, 3 mars 1825). On comprend que l'évêque et le gouvernement rejettent les demandes qui n'auraient d'autre but que l'augmentation inutile des revenus de la commune.

La distraction peut résulter d'une expropriation générale aussi bien que de la nécessité locale, et elle a lieu sans indemnité ou compensation, pourvu que le presbytère reste en possession de dépendances convenables. Mais l'acte de complaisance du curé, qui mettrait à la disposition de la commune une partie quelconque de la maison curiale, ne saurait équivaloir à une distraction véritable, et la commune devrait s'en dessaisir à la première demande. Il faut même ajouter que la distraction proprement dite ne constitue jamais qu'une mesure administrative sur laquelle on pourrait revenir sans que la commune puisse se pourvoir au contentieux (Cons. d'Et., 4 janvier 1851). Enfin reconnaissons, avec une décision ministérielle de 1859, qu'on ne pourrait invoquer l'ordonnance de 1825 pour justifier la coupe et la vente, au profit de la commune, des arbres du presbytère, puisque la superficie n'en est pas modifiée et que ces arbres qui ombragent la maison curiale et lui donnent un aspect plus austère, ne sauraient être regardés comme superflus et inutiles.

Article 1. A l'avenir, aucune distraction de partie superflue d'un presbytère pour autre service, ne pourra avoir lieu sans notre autorisation spéciale, notre Conseil d'Etat entendu. Toute demande à cet effet sera revêtue de l'avis de l'évêque et du préfet, et accompagnée d'un plan qui figurera le logement à laisser au curé ou desservant, et à la distribution à faire pour isoler ce logement. Toutefois, il n'est point dérogé aux emplois et dispositions également faits jusqu'à ce jour. — Article 3. Dans les communes qui ne sont ni paroisses ni succursales et dans les succursales où le binage n'a pas lieu, les presbytères et dépendances peuvent être amodiés, mais sous la condition expresse de rendre immédiatement les presbytères des succursales s'il est nommé un desservant, ou si l'évêque autorise un curé, vicaire ou desservant voisin, à y exercer le binage. — Article 4. Le produit de cette location appartient à la fabrique ; si le presbytère et ses dépendances lui ont été remis en exécution de la loi du 8 avril 1802, de l'arrêté du gouvernement du 26 juillet 1803, des décrets du 30 mai et 31 juillet 1806 ; si elle en a fait l'acquisition sur ses propres ressources, ou s'ils lui ont été échus par legs ou donation. Le produit appartient à la commune, quand le presbytère et ses dépendances lui ont été acquis ou construits de ses deniers, ou quand il lui en a été fait legs ou donation (ordonnance royale relative aux presbytères du 3 mars 1825).

A. § 45. Les préfets statueront sur la distraction de parties superflues de presbytères communaux, lorsqu'il n'y a pas opposition de l'autorité diocésaine (décret du 25 mars 1852 sur la décentralisation administrative).

En résumé, les presbytères, d'après l'opinion prédominante en jurisprudence, appartiennent généralement aux communes et peuvent faire l'objet d'aliénations et de prescriptions. De leur côté, les fabriques sont propriétaires de presbytères compris parmi les biens qui leur ont été restitués et de ceux qu'elles ont fait construire ou qu'elles ont acquis. Mais elles sont chargées de veiller à la conservation, à l'entretien des habitations presbytérales quel qu'en soit le propriétaire, et cette obligation leur donne qualité pour demander la suppression de tout ce qui porterait atteinte au bon état des presbytères (Caen, 8 octobre 1837).

Les tribunaux judiciaires sont compétents pour connaître de l'action formée par le curé contre la commune en revendication de la jouissance du presbytère. Il a été jugé plusieurs fois que le maintien du curé dans le presbytère peut être ordonné par le juge des référés, malgré la délibération du Conseil municipal approuvée par le préfet ordonnant son expulsion par un arrêté d'ailleurs illégal (Nîmes, 20 mars 1871).

La cure ou succursale peut posséder des biens, meubles ou immeubles, car elle est une personne morale, capable de posséder, d'acquérir et de transmettre. Les règles auxquelles sont soumis les biens curiaux sont écrites dans le décret du 6 novembre 1813 sur la conservation et l'administration des biens du clergé.

Article 1. Dans toutes les paroisses dont les curés ou desservants possèdent à ce titre des biens-fonds ou des rentes, la fabrique établie près chaque paroisse est chargée de veiller à la conservation desdits biens. — Article 2. Seront déposés dans une caisse ou armoire à trois clefs de la fabrique, tous papiers, titres et documents concernant ces biens. — Ce dépôt sera effectué dans les six mois à compter de la publication de ce décret. Toutefois, les titres déposés près des chancelleries des évêchés ou archevêchés seront transférés aux archives des préfectures respectives, sous récépissé, et moyennant une copie authentique, qui en sera délivrée par les préfectures à l'évêché. — Article 3. Seront aussi déposés dans cette caisse ou armoire les comptes, les registres, les sommiers et les inventaires, le tout ainsi qu'il est statué par l'article 54 du règlement des fabriques. — Article 4. Nulle pièce ne pourra être retirée de ce dépôt que sur un avis motivé, signé par le titulaire. — Article 5. Il sera procédé aux inventaires des titres, registres et papiers, à leurs récolements et à la formation d'un registre-sommier, conformément aux articles 55 et 56 du même règlement. — Article 6. Les titulaires exercent le droit d'usufruit; ils en supportent les charges, le tout ainsi qu'il est établi par le code civil, et conformément aux explications et modifications ci-après. — Article 7. Le procès verbal de leur prise de possession, dressé par le juge de paix, portera la promesse, par eux souscrite, de jouir des biens en bon père de famille, de les entretenir avec soin, et de s'opposer à toute usurpation ou détérioration. — Article 8. Sont défendus aux titulaires, et déclarés nuls, toutes aliénations, échanges, stipulations d'hypothèques, concessions de servitudes, en général toutes dispositions opérant un changement dans la nature desdits biens, ou une diminution dans leurs produits, à moins que ces actes ne soient par nous autorisés en la forme accoutumée. — Article 9. Les titulaires ne pourront faire de baux excédant neuf ans que par forme d'adjudication aux enchères, et après que l'utilité en aura été déclarée par deux experts qui visiteront les lieux et en feront leur rapport : ces experts seront nommés par le sous-préfet s'il s'agit de biens de cure, et par le préfet, s'il s'agit de biens d'évêché, de chapitres et de séminaires. Ces baux ne continueront, à l'égard de successeurs de titulaires, que de la manière prescrite par l'article 1429 c. civ. — Article 10. Il est défendu de stipuler des pots-de-vin pour les biens ecclésiastiques. Le successeur du titulaire qui aura pris un pot-de-vin aura la faculté de demander l'annulation du bail, à compter de son entrée en jouissance, ou d'exercer son recours en indemnité, soit contre les héritiers ou représentants du titulaire, soit contre le fermier. — Article 11. Les remboursements des capitaux faisant partie des dotations du clergé seront faits conformément à notre décret du 16 juillet 1810 et à l'avis du Conseil d'Etat du 21 décembre 1808. Si les capitaux dépendent d'une cure, ils seront versés dans la caisse de la fabrique par le débiteur qui ne sera libéré qu'au moyen de la décharge signée par les trois dépositaires des clefs. — Article 12. Les titulaires ayant des bois dans leur dotation en jouiront, conformément à l'article 590 c. civ., si ce sont des bois taillis. Quant aux arbres futaies réunis en bois ou épars, ils devront se conformer à ce qui est ordonné pour les bois des communes. — Article 13. Les titulaires seront tenus de toutes les réparations des biens dont ils jouissent, sauf à l'égard des presbytères, la disposition ci-après, article 21 : S'il s'agit de grosses réparations, et qu'il y ait dans la caisse à trois clefs des fonds provenant de la cure, ils y seront employés. S'il n'y a point de fonds dans cette caisse, le titulaire sera tenu de les fournir jusqu'à concurrence du tiers du revenu foncier de la cure, indépendamment des autres réparations dont il est chargé. Quant à l'excédant du tiers du revenu, le titulaire pourra être par nous autorisé, en la forme accoutumée, soit à un emprunt avec hypothèque, soit même à l'aliénation d'une partie des biens. Le décret d'autorisation d'emprunt fixera les époques du remboursement à faire sur les revenus, de manière qu'il en reste toujours les deux tiers au curé. En tout cas, il sera suppléé par le trésor impérial à ce qui manquerait, pour que le revenu restant au curé égale le taux ordinaire des congrues. — Article 14. Les poursuites à fin de recouvrement des revenus seront faites par les titulaires, à leurs frais et risques. Ils ne pourront néanmoins, soit plaider en demandant ou en défendant, soit même se désister, lorsqu'il s'agira des droits fonciers de la cure, sans l'autorisation du Conseil de préfecture, auquel sera envoyé l'avis du Conseil de fabrique. — Article 15. Les frais de procès seront à la charge des cures, de la même manière que les dépenses pour réparations. — Article 16. En cas de décès du titulaire d'une cure, le juge de paix sera tenu d'apposer le scellé d'office, sans rétribution pour lui et son greffier, ni autres frais, si ce n'est le seul remboursement du papier timbré. — Article 17. Les scellés seront levés, soit à la requête des héritiers en présence du trésorier de la fabrique, soit à la requête du trésorier de la fabrique, en y appelant les héritiers. — Article 18. Il sera procédé par le juge de paix, en présence des héritiers et du trésorier, au récolement du précédent inventaire, contenant l'état de la partie du mobilier et des ustensiles dépendante de la cure, ainsi que des titres et des papiers la concernant. — Article 19. Expédition de l'acte de récolement sera délivrée au trésorier par le juge de paix, avec la remise des titres et papiers dépendants de la cure. — Article 20. Il sera aussi fait, à chaque mutation de titulaire, par le trésorier de la fabrique, un récolement de l'inventaire des titres et de tous les instruments aratoires, de tous les ustensiles ou meubles d'attache, soit pour l'habitation, soit pour l'exploitation des biens. — Article 21. Le trésorier de la fabrique poursuivra les héritiers pour qu'ils mettent les biens de la cure dans l'état de réparation où ils doivent les rendre. Les curés ne sont tenus, à l'égard du presbytère, qu'aux réparations locatives, les autres étant à la charge de la commune. — Article 22. Dans le cas où le trésorier aurait négligé d'exercer ses poursuites à l'époque où le nouveau titulaire entrera en possession, celui-ci sera tenu d'agir lui-même contre les héritiers ou de faire une sommation au trésorier de la fabrique de remplir à cet égard ses obligations. Cette sommation devra être dénoncée par le titulaire au procureur impérial, afin que celui-ci contraigne le trésorier de la fabrique d'agir, ou que lui-même il fasse d'office les poursuites, aux risques et périls du trésorier et subsidiairement aux risques des paroissiens. — Article 23. Les archevêques et évêques s'informeront, dans le cours de leurs visites, non seulement de l'état de l'église et du presbytère, mais encore de celui des biens de la cure, afin de rendre, au besoin, des ordonnances à l'effet de poursuivre soit le précédent titulaire, soit le nouveau. Une expédition de l'ordonnance restera aux mains du trésorier pour l'exécuter; et une autre expédition sera adressée au procureur impérial, à l'effet de contraindre, en cas de besoin, le trésorier par les moyens ci-dessus. — Article 24. Dans tous les cas de vacance d'une cure, les revenus de l'année courante appartiendront à l'ancien titulaire ou à ses héritiers, jusqu'au jour de l'ouverture de la vacance, et au nouveau titulaire, depuis le jour de sa nomination. Les revenus, qui auront eu cours du jour de l'ouverture de la vacance jusqu'au jour de la nomination, seront mis en réserve dans la caisse à trois clefs, pour subvenir aux grosses réparations qui surviendront dans les bâtiments appartenant à la dotation, conformément à l'article 13. — Article 25. Le produit des revenus pendant l'année sera constaté par les comptes que rendront le trésorier pour le temps de la vacance, et le nouveau titulaire pour le reste de l'année : ces comptes porteront ce qui aurait été reçu par le précédent titulaire pour la même année, sauf reprise contre sa succession, s'il y a lieu. — Article 26. Les contestations sur les comptes ou réparations de revenus dans les cas indiqués aux articles précédents seront décidées par le Conseil de préfecture. — Article 27. Dans le cas où il y aurait lieu à remplacer provisoirement un curé ou desservant qui se trouverait éloigné du service, ou par suspension, par peine canonique ou par maladie, ou par voie de police, il sera pourvu à l'indemnité du remplacement provisoire, conformément au décret du 17 novembre 1811. Cette disposition s'appliquera aux cures ou succursales dont le traitement est en tout ou en partie payé par le trésor impérial. — Article 28. Pendant le temps que, pour les causes ci-dessus, le curé ou desservant sera éloigné de la paroisse, le trésorier de la fabrique remplira, à l'égard des biens, les fonctions qui sont attribuées au titulaire par les articles 6 et 13 ci-dessus (décret du 6 novembre 1813).

Pour ce qui regarde les acquisitions à titre onéreux ou à titre gratuit, qui peuvent être faites ou acceptées par le curé ou desservant au nom de la cure ou succursale, les conditions en sont déterminées par les ordonnances générales des 2 janvier et 2 avril 1817 et 14 janvier 1831 sur les donations et legs faits aux établissements ecclésiastiques, ordonnances qu'on lira plus loin et qui, notons-le, ont abrogé implicitement, comme le décret de 1813, les articles 73 et 74 de la loi de germinal an X, proscrivant toutes fondations immobilières affectées à des titres ecclésiastiques, autres que les édifices destinés aux logements des ministres du culte et jardin y attenant. Remarquons encore que les biens affectés par legs ou donation à l'entretien

des curés ou desservants forment, d'après un avis
du Conseil d'Etat du 3 juin 1820, une propriété
indéfiniment substituée au profit des titulaires, et
que par conséquent les fabriques ne pourraient
pas s'immiscer dans leur surveillance et administration.

D'autre part, toutes les dépenses d'entretien ou
de réparation sont à la charge du titulaire de
la cure (C. d'Et., 1 septembre 1865). Il a été
décidé par la Cour de cassation que les curés et
desservants peuvent plaider relativement aux droits
fonciers de la cure avec l'autorisation du Conseil
de préfecture donnée après avis de la fabrique,
sans qu'il soit nécessaire de mettre en cause son
trésorier (4 février 1879). Mais l'autorisation du
Conseil de préfecture est toujours nécessaire même
pour l'exercice des actions possessoires du moins
d'après la Cour de cassation (25 mars 1879). Enfin
il convient de signaler un arrêt du Conseil d'Etat du
14 janvier 1876 qui déclare que les curés et desservants peuvent être envoyés en possession des
anciens biens curiaux non aliénés par le domaine,
alors même qu'ils ne sont pas grevés de fondations.

DES TRAVAUX D'ÉGLISES
ET DE PRESBYTÈRES

On entend par travaux d'église et de presbytère
les constructions, reconstructions, agrandisse-
ments et réparations qui concernent ces édifices.
Quand il s'agit de construire une église ou un presbytère, il importe, avant tout, de choisir un emplacement convenable. Naturellement ce choix appartient à la fabrique ou à la commune qui projette la
construction, et dans le premier cas le Conseil municipal doit être consulté, étant appelé, en cas d'insuffisance des revenus des fabriques, à pourvoir
aux travaux d'entretien et de réparation. Mais ce
choix doit être agréé par l'évêque et le préfet, ou
même par l'administration centrale, si ces autorités
ne s'accordent pas à ce sujet. L'emplacement étant
déterminé, la commune doit lui donner sa destination ou en faire l'acquisition si elle n'en est pas
propriétaire, sinon l'administration pourrait l'y
contraindre. D'ailleurs, les églises et presbytères,
en raison de leur destination, présentant un carac-

tère d'utilité publique, la commune trouve dans la loi sur l'expropriation un moyen facile de remplir ses obligations (circ. minist., 1857, 1858, 1859, 1860).

Les circulaires ministérielles recommandent de ne pas éloigner les églises des centres de populations, de les isoler autant que possible des maisons environnantes, de bâtir les presbytères à proximité et de rendre les unes dignes de la majesté du culte et les autres des fonctions de ceux qui devront les habiter. C'est pourquoi aucune démolition d'église et de presbytère ne doit être entreprise sans avoir fait connaître préalablement au ministre, par un dessin graphique, l'état ancien de l'édifice et l'état nouveau qu'on veut lui substituer. C'est aussi pourquoi la direction des travaux doit être confiée à un architecte, à un homme de l'art, et non laissée aux curés et desservants qui pourraient manquer d'expérience.

L'agrandissement d'une église, la construction d'une sacristie est une charge communale obligatoire au même titre que la construction même de l'église, lorsque la fabrique se trouve dans l'impossibilité d'exécuter cet agrandissement nécessaire. Le Conseil municipal ne peut donc pas refuser de voter les fonds sans provoquer les mesures coercitives de la loi du 18 juillet 1837, article 39, qui exige l'inscription d'office au budget communal des allocations refusées ou diminuées illégalement. Mais auparavant la nécessité des travaux doit être constatée par une enquête et l'avis de l'évêque demandé conformément à la loi de germinal (décis. minist., 1859 et 1863).

Ces données s'appliquent également aux réparations des églises et presbytères, ainsi qu'à leurs reconstructions quand la restauration est devenue insuffisante. Toutefois, en ce qui concerne les presbytères, il est loisible aux communes d'éviter la reconstruction en allouant aux curés et desservants une indemnité pécuniaire. Elles consultent en cela leurs intérêts, à moins qu'il ne soit pas possible de trouver à louer, dans la circonscription paroissiale, un logement convenable. De même la dépense inscrite d'office à son budget est limitée au nécessaire. L'architecte du presbytère à réparer ou à rebâtir se borne à le rendre habitable et révise en ce sens le devis des travaux qui seraient en voie d'exécution. Le projet en est dressé ou modifié avec le concours d'un marguillier et d'un conseiller municipal. On y joint le budget et les comptes de la fabrique pour l'instruction du préfet. Une dépense faite en dehors de la participation de l'administration municipale, comme des travaux dont le curé ou desservant aurait pris seul l'initiative ne serait pas légalement inscrite d'office au budget communal. En effet, cette dette n'étant ni liquide ni exigible, comme le veut la loi de 1837 sur l'organisation municipale, il faudrait une décision judiciaire du Conseil de préfecture pour lui donner ce caractère. C'est également ce tribunal qui jugerait toutes contestations entre la commune, la fabrique et l'architecte au sujet de la responsabilité décennale prévue par l'article 1792 du Code civil, et concernant la ruine ou les dégradations survenues, par vice du sol ou de la construction (C. d'Et., 28 juin 1855; 21 juillet 1870).

Il se peut que deux communes soient réunies pour le service du culte, et alors, en cas d'insuffisance des ressources de la fabrique, la répartition des dépenses, suivant qu'il s'agit de grosses réparations ou de travaux d'entretien, a lieu proportionnellement aux contributions foncière et mobilière, ou mobilière et personnelle, payées par chacune d'elles (loi du 14 février 1810, art. 4). Mais si l'une de ces communes devait être distraite de la paroisse et érigée elle-même en succursale ou en chapelle indépendante, on ne saurait, par exemple, lui faire supporter qu'une part proportionnelle de la valeur locative du presbytère du desservant au chef-lieu et jusqu'à son érection en succursale ou chapelle. Quant aux sections de commune, elles ne peuvent être imposées extraordinairement pour couvrir des dépenses qui doivent être acquittées par la commune entière (avis du C. d'Etat, 25 novembre et 5 décembre 1858 ; décis. minist. 1860).

Reste une question à poser : à qui revient la direction des travaux d'église et de presbytère ? Il faut répondre par une distinction. S'agit-il de travaux de construction et de grosses réparations, la direction appartient ou à la fabrique ou à la commune suivant que l'une ou l'autre supporte la totalité ou la majeure partie des frais (C. d'Et., 26 février 1870, 17 avril 1874), et les matériaux et débris provenant des réparations doivent être attribués à la commune et à la fabrique à raison des dépenses qu'elles ont pu faire (décis. minist., 19 novembre 1853).

S'agit-il de simples travaux d'entretien, d'appropriation intérieure et d'embellissements, c'est toujours la fabrique qui les dirige, et elle peut les faire exécuter seule à ses frais, malgré le Conseil municipal, quand les autorités diocésaine et départementale les jugent utiles. D'ailleurs, le Conseil municipal ne peut commencer, même à ses frais, aucuns travaux, sans demander l'avis de la fabrique (circ. minist., 20 mars 1872). La désignation de l'architecte et de l'entrepreneur appartiendra donc tantôt à l'un, tantôt à l'autre. Quant au curé, il n'est point chargé, en vertu de ses fonctions, de la direction des travaux, mais il peut l'être en vertu d'un mandat de la fabrique ou de la commune et dans les limites de ce mandat, sinon sa responsabilité serait engagée quant aux travaux et quant aux dégradations qui en résulteraient. D'autre part, il ne lui est tenu compte que des avantages résultants des travaux, à moins qu'il n'ait été autorisé par l'administration supérieure du consentement de la commune ou de la fabrique, car alors, il pourrait, comme régisseur à titre gratuit, demander le remboursement des sommes qu'il aurait dépensées dans les limites des prévisions du devis (C. d'Et., 17 avril 1874).

Article 41. Les marguilliers, et spécialement le trésorier, sont tenus de veiller à ce que toutes les réparations soient bien et promptement faites. Ils auront soin de visiter les bâtiments avec les gens de l'art. au commencement du printemps et à l'automne. Ils pourvoiront sur-le-champ, et par économie, aux réparations locatives ou autres qui n'excéderont pas la proposition indiquée en l'article 12, et sans préjudice toutefois des dépenses réglées pour le culte. — Article 42. Lorsque les réparations excéderont la somme ci-dessus indiquée, le bureau sera tenu d'en faire rapport au Conseil, qui pourra ordonner toutes les réparations qui ne s'élèveraient pas à plus de 100 francs dans les communes au-dessous de mille âmes, et de 200 francs dans celles d'une plus grande population. Néanmoins ledit Conseil ne pourra, même sur le revenu libre de la fabrique, ordonner les réparations qui excéderaient la quotité ci-dessus énoncée, qu'en chargeant le bureau de faire dresser un devis estimatif, et de procéder à l'adjudication au rabais ou par soumission, après trois affiches renouvelées de huitaine en huitaine. — Article 43. Si la dépense ordinaire arrêtée par le budget ne laisse pas de fonds disponibles, ou n'en laisse pas de suffisants pour les réparations, le bureau en fera son rapport au Conseil, et celui-ci prendra une délibération tendant à ce qu'il soit pourvu dans les formes prescrites aux articles 92-103 du présent règlement : cette délibération sera envoyée par le président au préfet.

Article 98. S'il s'agit de dépenses pour réparations ou reconstructions qui auront été constatées, conformément à l'article 95, le préfet ordonnera que ces réparations soient payées sur les revenus communaux; et, en conséquence, qu'il soit procédé par le Conseil municipal, en la forme accoutumée, à l'adjudication au rabais. — Article 99. Si les revenus communaux sont insuffisants, le Conseil délibérera sur les moyens de subvenir à cette dépense, selon les règles prescrites par la loi. — Article 101. Dans tous les cas où il y aura lieu au recours d'une fabrique sur une commune, le préfet fera un nouvel examen du budget de la commune, et décidera si la dépense demandée pour le culte peut être prise sur les revenus de la commune, ou jusqu'à concurrence de cette somme, sauf notre approbation pour les communes dont les revenus excèdent 20,000 francs. — Article 102. Dans le cas où il y a lieu à la convocation du Conseil municipal, si le territoire de la paroisse comprend plusieurs communes, le Conseil de chaque commune sera convoqué, et délibérera séparément. — Article 103. Aucune imposition extraordinaire sur les communes ne pourra être levée pour les frais du culte, qu'après l'accomplissement préalable de formalités prescrites par la loi (décret du 30 décembre 1809).

Article 4. Lorsqu'une paroisse sera composée de plusieurs communes, la répartition entre elles sera au marc le franc de leurs contributions respectives ; savoir : de la contribution mobilière et personnelle, s'il s'agit de la dépense pour la célébration du culte ou de réparations d'entretien, et au marc le franc des contributions foncière et mobilière, s'il s'agit de grosses réparations ou reconstructions (loi relative au revenu des fabriques, du 14 février 1810).

Article 4. Les réparations, reconstructions et constructions de bâtiments appartenant aux communes, hôpitaux et fabriques, soit qu'il ait été pourvu à la dépense sur les revenus ordinaires de ces communes ou établissements, soit qu'il y ait été pourvu au moyen de nouveaux droits d'emprunts, de contributions extraordinaires, d'aliénations, ou par toute autre voie que nous aurions autorisée, pourront désormais être adjugées et exécutées sur la simple approbation du préfet. Cependant lorsque la dépense des travaux de construction ou de reconstruction à entreprendre s'élèvera au-dessus de 20,000 francs, les plans et devis devront être soumis à notre Ministre secrétaire d'Etat de l'intérieur (ordonnance du 8 août 1821).

Des secours pour les constructions ou grosses réparations, à l'exclusion des dépenses d'entretien, d'embellissement, de décoration intérieure, d'achat de meubles et d'ornements, sont accordés par l'Etat, sur la proposition du Conseil général du département (loi du 10 août 1871, art. 68), aux communes à bout de ressources ainsi qu'aux fabriques. A cet effet, un crédit est ouvert chaque année au ministère des cultes où les demandes doivent être portées, à moins qu'il ne s'agisse de travaux de presbytères. Dans ce cas, elles pourraient être adressées au préfet, que le décret du 13 avril 1861 (art. 4) a autorisé à statuer sur la répartition de la moitié des fonds de secours alloués au budget pour les presbytères. Les demandes doivent être accompagnées de plans et devis dressés par un architecte et approuvés par le ministre ou simplement par le préfet si la dépense n'excède pas 30,000 francs (loi du 18 juillet 1837); des délibérations de la fabrique et du Conseil municipal établissant l'insuffisance de leurs ressources et la nécessité d'obtenir une subvention; de leurs budgets respectifs et d'un certificat du percepteur ou du receveur municipal indiquant le chiffre des impositions extraordinaires supportées par la commune et la durée du remboursement ; des observations de l'évêque et du préfet jointes à l'avis de l'architecte diocésain. Celui-ci sera également chargé, lors du paiement de la subvention, de constater si les conditions ont été observées, et son attestation sera jointe aux pièces justificatives de la dépense. Le montant du secours est plus ou moins élevé suivant les sacrifices qui ont été faits. Mais pour obtenir la subvention, il importe que le projet de la commune ne dépasse pas le maximum de la dépense admise par l'administration, soit :

20,000 fr. pour une population paroissiale de			500 âmes et au-dessous.
35,000	—	—	—	500 à 1,000 âmes.
60,000	—	—	—	1,000 à 2,000 —
90,000	—	—	—	2,000 à 3,000 —
120,000	—	—	—	3,000 à 4,000 —
150,000	—	—	—	4,000 à 5,000 —
190,000	—	—	—	5,000 à 6.000 —
230,000	—	—	—	6,000 à 7,000 —
280,000	—	—	—	7,000 à 8,000 —
330,000	—	—	—	8,000 à 9,000 —
400,000	—	—	—	9,000 à 10,000 —

Quant à la proportion du secours, elle est du quart ou du tiers de la dépense totale, ou même plus élevée lorsque la dépense est minime et qu'il s'agit de travaux de première nécessité. Mais il ne serait rien accordé s'il n'était justifié de l'existence de la majeure partie des ressources, ou s'il s'agissait de travaux achevés ou même en cours d'exécution soustraits au contrôle de l'administration , ou enfin de paroisses nouvellement érigées sur la justification de l'existence d'une église convenable et l'engagement de loger le desservant.

Les circulaires ministérielles engagent les municipalités à joindre aux pièces qui doivent être adressées au ministère des cultes, les plans, coupes, détails graphiques et devis du projet de construction ou de réparation, afin de le faire mieux apprécier de la commission des arts et édifices religieux. Pour les dossiers qui comprennent en même temps une demande de secours et le vote d'un impôt extraordinaire , ils passent en dernier lieu du ministère des cultes à celui de l'intérieur, avec avis de la décision sur le secours.

Article 100. Néanmoins, dans le cas où il serait reconnu que les habitants d'une paroisse sont dans l'impuissance de fournir aux réparations, même par levée extraordinaire, on se pourvoira devant nos Ministres de l'intérieur et des cultes, sur le rapport desquels il sera fourni à cette paroisse tel secours qui sera par eux déterminé (décret du 30 décembre 1809).

Les travaux de construction ou de restauration peuvent être faits au moyen de souscriptions volontaires, et l'on se demande à qui des communes ou des fabriques paroissiales revient le produit des souscriptions recueillies au nom des fabriques pour assurer la reconstruction ou la restauration des églises et presbytères. Cette question intéressante qui fut longtemps discutée est aujourd'hui résolue en faveur des fabriques par un avis du Conseil d'Etat du 16 mars 1868.

Considérant que ces sommes ne sont autres que des offrandes ou des libéralités faites par les fidèles, dans un intérêt religieux, à un établissement public, ayant capacité spéciale pour représenter cet intérêt, et *administrer tous les fonds affectés à l'exercice du culte*, suivant les termes formels de l'article 1 du décret du 30 décembre 1809 ; que l'article 74 du même décret porte textuellement que « le montant des fonds sur le » compte de la fabrique, *à quelque titre* que ce soit, sera » inscrit sur un registre qui demeurera entre les mains » du trésorier ; » que vainement on invoquerait ce principe que les églises et presbytères sont la propriété des communes, et que, par suite, les fonds destinés à les réparer ou restaurer, et recueillis au moyen de souscriptions publiques, constituent nécessairement des deniers communaux ; considérant qu'en pareille matière l'intention des donateurs ou souscripteurs ne saurait être douteuse, et s'adresse évidemment à l'établissement religieux et non à l'établissement communal, lequel n'est tenu de pourvoir aux frais du culte qu'à défaut de ressources de la part de la fabrique ; que d'ailleurs cette intention ne saurait être méconnue sans s'exposer à voir la générosité des fidèles se ralentir et nuire à l'intérêt des communes et même de l'Etat, appelés à pourvoir, le cas échéant, à la restauration et reconstruction des églises et presbytères ; — sont d'avis : que le produit des souscriptions ouvertes ou recueillies exclusivement, au nom des fabriques paroissiales, pour la restauration ou reconstruction des églises et presbytères, appartient à ces fabriques et non aux communes (C. d'Et., avis du 16 mars 1868).

Mais si la souscription était ouverte à la fois

nom de la fabrique et de la commune, par le curé
et par le maire, le produit de la souscription appar-
tiendrait par moitié à chacun des deux établissements.

« Rien n'est changé, disait le Ministre de l'intérieur à l'occasion de l'avis précité, rien n'est changé
à la jurisprudence d'après laquelle toutes les sommes affectées aux travaux de restauration ou de
reconstruction des églises et presbytères doivent
être centralisées dans la caisse de la commune ou
dans celle de la fabrique, suivant que le premier
ou le second de ces établissements supporte la
plus grande partie de la dépense. Dès lors, quand
une souscription est ouverte ou recueillie conjoin-
tement par le maire et par le curé, au nom de la
commune et de la fabrique, en vue d'assurer l'exécution des travaux de ce genre, c'est la commune
qui doit encaisser intégralement le produit de la
souscription, si la part qui lui en revient, réunie
aux autres fonds communaux affectés auxdits travaux, représente la majeure partie des ressources
destinées à couvrir l'ensemble de la dépense.
Dans le cas contraire, tout le produit de la
souscription doit être versé dans la caisse de la
fabrique. »

Article 1. Les travaux ordinaires d'entretien des
édifices diocésains sont dirigés par des architectes ayant
leur résidence dans le diocèse et nommés par le Ministre
de l'instruction publique et des cultes, sur l'avis des
évêques et des préfets. — Article 2. Les travaux extra-

ordinaires de restauration et de construction peuvent être confiés, par décision spéciale du Ministre des cultes, à des architectes pris hors des diocèses où les travaux doivent être exécutés. Dans ce cas, le service d'entretien peut être réuni au service extraordinaire. — Article 3. Les plans et devis des architectes diocésains ordinaires et extraordinaires, pour les travaux à exécuter dans le cours d'un exercice, sont soumis à l'administration des cultes avant le 1er décembre de l'année précédente. Le préfet, après avoir pris l'avis de l'évêque, les transmet au Ministre avec ses observations. — Article 4. Trois inspecteurs généraux, nommés annuellement par notre Ministre de l'instruction publique et des cultes, sont préposés au service des travaux diocésains. Les honoraires de chacun de ces inspecteurs sont fixés à 6,000 francs et seront prélevés sur les fonds du chapitre x du budget des cultes. — Article 5. Les inspecteurs généraux visitent, soit périodiquement, soit par commission expresse, les édifices diocésains dont la surveillance leur est confiée par le Ministre. Ils constatent l'état des bâtiments, la convenance des projets des architectes, la bonne exécution des travaux, la régularité des dépenses, et en font leur rapport particulier au Ministre. Réunis en comité, sous la présidence du directeur général de l'administration des cultes (et en cas d'absence ou d'empêchement par le chef de la première division de cette administration; décret du 17 novembre 1857, art. 5, § 2), ils procèdent à l'examen définitif des plans et devis fournis par les architectes; ils donnent leurs avis sur toutes les questions d'art et de comptabilité qui se rattachent aux travaux; ils préparent un projet de répartition des crédits ouverts au chapitre x du budget des cultes. Ils adressent annuellement au Ministre un rapport général sur la situation des édifices diocésains. Les demandes de secours formées par les communes en faveur de leurs églises et presbytères sont également renvoyées à l'examen du comité des inspecteurs généraux. — Article 6. La commission des arts et édifices religieux, instituée près le ministère de l'instruction publique et des cultes, est désormais composée des trois sections : 1° d'architecture et de sculpture; 2° de vitraux peints et des ornements religieux; 3° des orgues et de la musique religieuse. — Article 7. Les trois sections sont réunies sous la présidence (indiqué à l'art. 5) pour entendre le rapport annuel que les inspecteurs généraux sont tenus d'adresser au Ministre sur la situation des édifices diocésains. Les observations de la commission sont annexées au rapport pour être communiquées au Ministre. — Article 8. La section d'architecture et de sculpture, dont les trois inspecteurs généraux font nécessairement partie pendant la durée de leur mission, est saisie, sur le rapport de l'un de ces inspecteurs, de l'examen de tous les projets entraînant des travaux extraordinaires. — Article 9. Un arrêté de notre Ministre de l'instruction publique et des cultes déterminera le mode de comptabilité des travaux diocésains (décret du 7 mars 1853 portant réorganisation du service des édifices diocésains).

Article 1. Les architectes diocésains sont chargés de la conservation et des travaux de tous les édifices du diocèse qui ressortissent à l'administration des cultes. Il n'y en a qu'un par diocèse. — Article 2. L'architecte diocésain rédige les projets et dirige les travaux d'entretien, de restauration ou de construction de ces édifices ; il tient les attachements et règle les dépenses, conformément au mode de comptabilité prescrit par le Ministre des cultes. Il est chargé, en outre, de l'examen préparatoire des projets produits par les communes du diocèse, à l'appui des demandes de secours qu'elles adressent à l'administration des cultes, pour la restauration ou la construction de leurs églises et presbytères. — Article 3.

L'architecte qui ne réside pas dans le diocèse auquel il est attaché, est suppléé, pendant son absence, par un architecte qui prend le titre d'inspecteur des travaux. Lorsque les travaux extraordinaires paraissent exiger une surveillance très assidue, en raison de leur nature ou de leur importance, une décision du Ministre prépose à cette surveillance un ou plusieurs inspecteurs ou agents, alors même que l'inspecteur réside sur les lieux. — Article 4. Les inspecteurs sont nommés par le Ministre, sur la proposition des architectes, après avoir pris l'avis des évêques et des préfets. — Article 5. Les honoraires des architectes diocésains se composent de deux parties, l'une fixe, l'autre proportionnelle à la dépense des travaux exécutés. Les honoraires fixes s'élèvent à 1,200 francs par an, et les honoraires proportionnels sont calculés à raison de 3 1/2 p. 0/0 du montant de la dépense. L'architecte qui est chargé de plusieurs diocèses ne perçoit d'honoraires fixes que pour l'un d'eux. Les honoraires des inspecteurs sont fixés par le Ministre, suivant les circonstances, sans pouvoir dépasser le taux de 1,200 francs par an, sauf dans le cas prévu dans le deuxième paragraphe de l'article 3. Les frais de voyages des architectes diocésains non résidants leur sont remboursés à raison de 2 francs par myriamètre et de 10 francs par jour d'absence. Les honoraires et frais de voyages sont imputés sur les fonds du chapitre x du budget des cultes (Arrêté du Ministre des cultes du 20 mai 1853, portant organisation du service des édifices diocésains).

La loi de finances de 1881 répartit de la manière suivante les sommes allouées aux églises, aux presbytères et aux édifices diocésains :

Secours pour travaux d'églises et pres-
bytères. . . . . 2,950,000 fr.
Secours pour dépenses mobilières. . . . 200,000 —
Construction de la cathédrale de Gap. . . 131,000 —
Construction de la cathédrale de Marseille . 300,000 —
Achèvement de la cathédrale de Clermont . 100,000 —
Restauration de la cathédrale de Séez. . . 75,000 —
Restauration de la cathédrale de Nevers . . 75,000 —
Restauration de la cathédrale d'Evreux. . . 80,000 —
Restauration de la cathédrale de Reims . . 200,000 —
Restauration de la cathédrale de Nantes . . 50,000 —
Restauration de la cathédrale d'Amiens . . 100,000 —
Travaux aux édifices diocésains de l'Al-
gérie. . . . . 90,000 —
Entretien annuel des bâtiments des cathé-
drales, évèchés et séminaires . . . . 800,000 —
Maîtrises et bas-chœurs des cathédrales . . 300,000 —
Loyers pour évèchés, séminaires et dépen-
dances des cathédrales. . . . . . . 15,623 —
Mobilier des archevèchés et évèchés, et
secours aux fabriques des cathédrales . . 125,000 —

ÉTABLISSEMENTS RELIGIEUX

Les établissements publics religieux sont ceux qui, en vertu de la reconnaissance légale, ont une personnalité morale ou juridique qui les rend capables d'exercer les mêmes droits civils que les particuliers. Ils peuvent plaider devant les tribunaux avec l'autorisation du Conseil de préfecture, et intenter, sans même y être autorisés, les actions qui sont de la compétence administrative (C. d'Et., 13 février 1868). Ces personnes morales sont la fabrique, la cure ou succursale, la mense épiscopale, le séminaire diocésain, les chapitres et les congrégations autorisées (1). Il a été parlé déjà de la *fabrique* et de la *cure*; voici les autres établissements.

(1) Les Confréries, dans la législation actuelle, ne sont plus regardées comme étant des personnes morales, qualité que leur confère le droit canon quand elles sont érigées en vertu de l'autorité épiscopale. N'ayant pas d'existence légale, elles sont incapables d'acquérir et de posséder. Mais le gouvernement autorise les fabriques à accepter, par l'intermédiaire de leur trésorier, les dons et legs faits aux Confréries, à la condition d'en faire jouir l'église paroissiale (décret du 31 janvier 1873).

La *mense épiscopale* acquiert et accomplit les actes de la vie civile par l'intermédiaire de l'évêque qui la représente. Celui-ci en est usufruitier et transmet à son successeur les biens dont elle se compose. Il jouit des revenus qui toutefois sont acquis à l'Etat, pendant la vacance du siège épiscopal, en vertu du droit de régale maintenu dans le nouveau Droit. En outre, le Conseil d'Etat, délibérant sur un recours pour abus dirigé contre l'archevêque de Paris qui avait protesté dans une lettre adressée aux curés du diocèse contre la vente des terrains de l'ancien archevêché, a déclaré que les palais épiscopaux ne faisaient pas partie des menses épiscopales, mais appartenaient à l'Etat. Mgr de Quélen, affirmant les droits de l'Eglise, se fondait sur ce que le Concordat n'avait ratifié que les aliénations qui auraient été faites des anciens biens ecclésiastiques en faveur des tiers acquéreurs.

Considérant que, dans ledit écrit pastoral, l'archevêque de Paris, prétendant agir en vertu de son institution, installation et mise en possession canonique, comme tuteur, gardien, conservateur et défenseur des biens affectés à son église, a réclamé la remise desdits terrains et emplacement, comme faisant partie du patrimoine de l'église de Paris ; qu'en revendiquant par ces motifs, et comme propriété de l'église, des terrains et emplacements qui appartiennent à l'Etat, il a méconnu l'autorité des lois civiles ci-dessus visées (lois des 2 nov., 1789, 20 avril 1790, 15 mai 1791), qui ont réuni au domaine de l'Etat les biens ecclésiastiques, et lui ont conféré un droit de propriété que n'ont pas modifié les affectations consenties par le Concordat de 1801 et les articles organiques du 18 germinal an X, affectations dans lesquelles les palais archiépiscopaux et épiscopaux ne sont pas même compris ; qu'il a méconnu également l'autorité de la charte qui a déclaré toutes les propriétés inviolables, sans distinction de celles qu'on appelle *nationales* et des lois qui ont fait défense d'attaquer cette inviolabilité (déclaration d'abus du 21 mars 1837).

Article 29. Les archevêques et les évêques auront l'administration .de leur mense, ainsi qu'il est expliqué aux articles 6 et suivants de notre présent décret.— Article 30. Les papiers, titres, documents concernant les biens de ces menses, les comptes, les registres, les sommiers seront déposés aux archives du secrétariat de l'archevêché ou évêché. — Article 31. Il sera dressé, si fait n'a été, un inventaire des titres et papiers ; et il sera formé un registre-sommier, conformément à l'article 56 du règlement des fabriques. —Article 32. Les archives de la mense seront renfermées dans des caisses ou armoires, dont aucune pièce ne pourra être retirée qu'en vertu d'un ordre souscrit par l'archevêque ou évêque sur le registre-sommier, et au pied duquel sera le récépissé du secrétaire. Lorsque la pièce sera rétablie dans le dépôt, l'archevêque ou l'évêque mettra la décharge en marge du récépissé. — Article 33. Le droit de régale continuera d'être exercé dans le royaume, ainsi qu'il l'a été de tout temps par les souverains nos prédécesseurs. — Article 34. Au décès de chaque archevêque ou évêque, il sera nommé, par notre ministre des cultes, un commissaire.pour l'administration des biens de la mense épiscopale pendant la vacance. — Article 35. Ce commissaire prêtera, devant le tribunal de première instance, le serment de remplir cette commission avec zèle et fidélité. — Article 36. Il tiendra deux registres, dont l'un sera le livre-journal de sa recette et de sa dépense; dans l'autre, il inscrira de suite, et a leur date, une copie des actes de sa gestion passées par lui ou à sa requête. Ces registres seront cotés et paraphés par le président du même tribunal. — Article 37. Le juge de paix du lieu de la résidence d'un archevêque ou évêque fera d'office, aussitôt qu'il aura connaissance de son décès, l'apposition des scellés dans le palais ou autres maisons qu'il occupait. — Article 38. Dans ce cas, et dans celui où le scellé aurait été apposé à la requête des héritiers, des exécuteurs testamentaires ou des créanciers, le commissaire à la vacance y mettra son apposition, à fin de conservation des droits de la mense, et notamment pour sûreté des réparations à la charge de la succession. — Article 39. Les scellés seront levés et les inventaires faits à la requête du commissaire, les héritiers présents ou appelés, ou à la requête des héritiers en présence du commissaire. — Article 40. Incontinent après sa nomination, le commissaire sera tenu de la dénoncer aux receveurs, fermiers ou débiteurs, qui seront tenus de verser dans ses mains, tous deniers, denrées ou autres choses provenant des biens de la mense, à la charge d'en tenir compte à qui il appartiendra. — Article 41. Le commissaire sera tenu, pendant sa gestion, d'acquitter toutes les charges ordinaires de la mense : il ne pourra renouveler les baux, ni couper aucun arbre, futaie en masse de bois ou épars, ni entreprendre au delà des coupes ordinaires des bois taillis et de ce qui en est la suite. Il ne pourra déplacer les titres, papiers et documents que sous son récépissé. — Article 42. Il fera, incontinent après la levée des scellés, visiter, en présence des héritiers ou eux appelés, les palais, maisons, fermes et bâtiments dépendant de la mense, par deux experts que nommera d'office le président du tribunal. Ces experts feront mention, dans leur rapport, du temps auquel ils estimeront que doivent se rapporter les reconstructions à faire ou les dégradations qui y auront donné lieu ; ils feront les devis et estimations des réparations ou reconstructions. — Article 43. Les héritiers seront tenus de remettre, dans les six mois après la visite , les lieux en bonne et suffisante réparation ; sinon les réparations seront adjugées au rabais , au compte des héritiers, à la diligence du commissaire. — Article 44. Les réparations dont l'urgence se ferait sentir pendant sa gestion seront faites par lui, sur les revenus de la mense , par voie d'adjudication au rabais, si elles excèdent trois cents francs. — Article 45. Le commissaire régira depuis le jour du décès jusqu'au temps où le successeur nommé par Sa Majesté sera mis en possession. Les revenus de la mense seront au profit du successeur, à compter du jour de sa nomination.— Article 46. Il sera dressé procès-verbal de la prise de possession par le juge de paix : ce procès-verbal constatera la remise de tous les effets mobiliers, ainsi que de tous titres, papiers et documents concernant la mense, et que les registres du commissaire ont été arrêtés par ledit juge de paix ; ces registres seront déposés avec les titres de la mense. — Article 47. Les poursuites contre les comptables, soit pour rendre les comptes, soit pour faire statuer sur les objets de contestation, seront faites devant les tribunaux compétents, par la personne que le Ministre aura commise pour recevoir les comptes. — Article 48. La rétribution du commissaire sera réglée par le Ministre des cultes; elle ne pourra excéder cinq centimes pour franc des revenus, et trois centimes pour franc du prix du mobilier dépendant de la succession en cas de vente, sans pouvoir rien exiger pour les vacations ou voyages auxquels il sera tenu tant que cette gestion le comportera (décret du 6 novembre 1813, sur la conservation et administration des biens du clergé).

Le mobilier du palais épiscopal est fourni et entretenu par l'Etat (loi du 26 juillet 1829 , art. 8).

Outre les objets indiqués par la loi de 1819 ci-dessous reproduite , il comprend la chambre à coucher de l'évêque (inst. minist., 22 mars 1831). Une circulaire du 4 mai 1822 borne aux tentures , tapis, sièges , chandeliers d'autels et autres objets semblables, le mobilier de la chapelle, lequel, à la mort de l'évêque et d'après le droit canon , appartient à la cathédrale lorsque les héritiers n'établissent pas qu'il a été acheté avec les biens patrimoniaux du prélat (V. Encyclique de 1847).

Article 1. L'ameublement des archevêchés et évêchés se compose : 1° des meubles meublants servant à la représentation, tels que glaces, consoles, secrétaires, tentures, lustres, tapis, sièges et autres objets qui garnissent les salons de réception, la salle à manger et le cabinet du prélat ; 2° de l'ameublement d'un appartement d'habitation d'honneur ; 3° du mobilier de la chapelle de l'archevêché ou évêché ; 4° des crosses épiscopales et des croix processionnelles des archevêques. — Article 2. L'état actuel et la valeur du mobilier de chaque archevêché et évêché demeurent arrêtés tels qu'ils ont été portés au 1er janvier de la présente année, dans les inventaires et devis estimatifs dressés en vertu des ordres de notre Ministre secrétaire d'Etat de l'intérieur et approuvés par lui. La valeur des ameublements formés postérieurement à l'ordonnance est établie par les devis approuvés par le Ministre (instr. minist., 22 mars 1831). — Article 3. Lorsque la valeur du mobilier, arrêtée comme il est dit à l'article précédent, ne s'élèvera pas à une somme équivalente à une année du traitement du titulaire, notre ministre secrétaire d'Etat de l'intérieur pourra autoriser, au fur et mesure des besoins, de nouveaux achats de meubles , jusqu'à concurrence de cette somme. Il n'y aura point lieu néanmoins à prescrire des réductions là ou l'ameublement aurait actuellement une plus grande valeur. — Article 4, *modifié par l'instruction ministérielle du 22 mars 1831*. Les sommes nécessaires pour les nouveaux achats de meubles, ainsi que pour l'entretien annuel des ameublements, seront prises sur les fonds de l'Etat et payées aux fournisseurs, sur mandats délivrés par les préfets. — Article 5, § 2. Le procès-verbal de récolement contiendra l'évaluation des sommes jugées nécessaires soit pour achat, soit pour frais d'entretien. — Article 6. En cas de mutation par décès ou autrement, il sera procédé dans les mêmes formes à l'inventaire et au récolement estimatif du mobilier : la succession du défunt ou l'évèque sortant et l'évêque nommé pourront s'y faire représenter par des fondés de pouvoir. Les états de récolement seront signés par le préfet et rédigés en cinq exemplaires (cir. minist., 6 mai 1867) dont l'un sera déposé au secrétariat de l'évêché ou de l'archevêché, un autre à la préfecture, et le troisième transmis à notre ministre secrétaire d'Etat de l'intérieur. — Article 7. Les archevèques et évèques ne seront point responsables de la valeur des meubles et seront seulement tenus de les représenter (ordonnance du 7 avril 1819).

Article 1. Le § 1 de l'article 5 de l'ordonnance royale du 7 avril 1819 qui prescrit les formalités à suivre pour le récolement annuel des mobiliers des archevêchés ou évêchés, est rapporté. — Article 2. Il sera procédé, à la fin de chaque année, audit récolement par le préfet ou un conseiller de préfecture délégué par lui, concurremment avec le titulaire, ou, en cas de vacance du siège, avec les vicaires généraux capitulaires administrateurs du diocèse, et avec l'un des agents du domaine. Dans les départements où le chef-lieu du diocèse est différent de celui de la préfecture, le préfet pourra se faire représenter au récolement par le sous-préfet de l'arrondissement dont fait partie la ville épiscopale. — Article 3. Les récolements annuels comprendront les parties d'ameublements acquises sur les fonds votés par les Conseils généraux depuis 1819, en augmentation du mobilier accordé par l'ordonnance de cette année, et demeurées la propriété spéciale du département. Les Conseils généraux pourront, dans ce cas, continuer de désigner un ou deux de leurs membres pour assister au récolement annuel de ces objets (ordonnance du 4 janvier 1832).

On discute la question de savoir si les *diocèses* ont la personnalité civile et peuvent conséquemment posséder, recevoir, acquérir et accepter des libéralités par l'intermédiaire de l'évêque. Ce droit leur a été reconnu par un avis du 13 mai 1874 du Conseil d'Etat, qui avait émis plus anciennement une opinion contraire (avis des 5 mars et 21 décembre 1841). La reconnaissance de la personnalité civile des diocèses intéresse toutes les bonnes œuvres du diocèse auxquelles des libéralités sont faites sans qu'on puisse les rapporter à des établissements diocésains reconnus, et il est regrettable que le Conseil d'Etat ait cru devoir changer de nouveau de doctrine dans un arrêt du 6 avril 1880.

De même que la mense épiscopale, les *chapitres* attachés aux églises cathédrales et métropolitaines et les chapitres collégiaux sont capables d'acquérir ou de recevoir, et leur situation est réglementée par le même décret.

Article 49. Le corps de chaque chapitre cathédral ou collégial aura, quant à l'administration de ses biens, les

mêmes droits et les mêmes obligations qu'un titulaire de
biens de cure, sauf les explications et modifications ci-
après. — Article 50. Le chapitre ne pourra prendre aucune
délibération relative à la gestion des biens ou répartition
des revenus, si les membres présents ne forment au moins
les quatre cinquièmes du nombre total des chanoines
existants. — Article 51. Il sera choisi par le chapitre,
dans son sein, au scrutin et à la pluralité des voix, deux
candidats, parmi lesquels l'évêque nommera le trésorier.
Le trésorier aura le pouvoir de recevoir de tous fermiers
et débiteurs, d'arrêter les comptes, de donner quittance
et décharge, de poursuivre les débiteurs devant les tribunaux, de recevoir les assignations au nom du chapitre,
et de plaider quand il y aura été dûment autorisé. —
Article 52. Le trésorier pourra toujours être changé par
le chapitre. Lorsque le trésorier aura exercé cinq ans de
suite, il y aura une nouvelle élection, et le même trésorier
pourra être présenté comme un des deux candidats. —
Article 53. Le trésorier ne pourra plaider en demandant ni
en défendant, ni consentir à un désistement, sans qu'il y
ait eu délibération du chapitre et autorisation du Conseil
de préfecture. Il fera tous actes conservatoires et toutes
diligences pour les recouvrements. — Article 54. Tous les
titres, papiers et renseignements concernant la propriété
seront mis dans une caisse ou armoire à trois clefs. Dans
les chapitres cathédraux, l'une de ces clefs sera entre les
mains du premier dignitaire, la seconde entre les mains
du premier officier, et la troisième entre les mains du
trésorier. Dans les chapitres collégiaux, l'une de ces clefs
sera entre les mains du doyen, la seconde entre les mains
du premier officier, et la troisième entre les mains du
trésorier. — Article 55. Seront déposés dans cette caisse
les papiers, titres et documents, les comptes, les registres,
les sommiers et les inventaires, le tout ainsi qu'il est
statué par l'article 54 du règlement des fabriques, et ils

ne pourront en être retirés que sur un avis motivé, signé par les trois dépositaires des clefs, et au surplus conformément à l'article 57 du même règlement. — Article 56. Il sera procédé aux inventaires des titres et papiers, à leurs récolements et à la formation d'un registre-sommier, conformément aux art. 55 et 56 du même règlement. — Article 57. Les maisons et biens ruraux, appartenant aux chapitres, ne pourront être loués ou affermés que par adjudication aux enchères sur un cahier des charges, approuvé par délibération du chapitre, à moins que le chapitre n'ait, à la pluralité des quatre cinquièmes des chanoines existants, autorisé le trésorier à traiter de gré à gré, aux conditions exprimées dans sa délibération. Une semblable autorisation sera nécessaire pour les baux excédant neuf ans, qui devront toujours être adjugés avec les formalités prescrites par l'art. 9 ci-dessus. — Article 58. Les dépenses des réparations seront toujours faites sur les revenus de la mense capitulaire, et s'il arrivait des cas extraordinaires qui exigeassent à la fois plus de moitié d'une année du revenu commun, les chapitres pourraient être par nous autorisés, en la forme accoutumée, à faire un emprunt remboursable sur les revenus aux termes indiqués, sinon à vendre la quantité nécessaire de biens, à la charge de former, avec des réserves sur les revenus des années suivantes, un capital suffisant pour remplacer soit un fonds de terre, soit autrement le revenu aliéné. — Article 59. Il sera rendu par le trésorier, chaque année, au mois de janvier, devant des commissaires nommés à cet effet par le chapitre, un compte de recette et de dépense. Ce compte sera dressé conformément aux art. 82, 83 et 84 du règlement des fabriques. Il en sera dressé une copie au Ministre des cultes. — Article 60. Les chapitres pourront fixer le nombre et les époques des répartitions de la mense, et suppléer par leurs délibérations aux cas non prévus par le présent décret, pourvu qu'ils n'excèdent pas les droits dépendant de la qualité du titulaire. — Article 61. Dans tous les cas énoncés au présent titre, les délibérations du chapitre devront être approuvées par l'évêque, et l'évêque ne jugeant pas à propos de les approuver, si le chapitre insiste, il en sera référé à notre Ministre des cultes, qui prononcera (décret du 6 novembre 1813).

Le *séminaire diocésain* que l'évêque représente est une personne morale distincte de la mense épiscopale.

En effet, la distinction est faite par le décret du 30 décembre 1809 (art. 113), et le décret du 6 novembre 1813 consacre un titre particulier à chacun de ces établissements. Le petit-séminaire est placé, comme le grand-séminaire, sous la direction de l'autorité diocésaine (ordonnances des 5 octobre 1814 et 16 juin 1828), et l'évêque qui reçoit l'engagement d'une congrégation religieuse de lui prêter le concours de quelques-uns de ses membres pour diriger et administrer son petit-séminaire, répond seul des emprunts faits pour l'administration de l'établissement par un de ces religieux (Toulouse, 10 janvier 1876).

Article 62. Il sera formé, pour l'administration des biens du séminaire de chaque diocèse, un bureau composé de l'un des vicaires généraux, qui présidera en l'absence de l'évêque; du directeur et de l'économe du séminaire, et d'un quatrième membre remplissant les fonctions de trésorier, qui sera nommé par le Ministre des cultes sur l'avis de l'évêque et du préfet. Il n'y aura aucune rétribution attachée aux fonctions de trésorier. — Article 63. Le secrétaire de l'archevêché ou évêché sera en même temps secrétaire de ce bureau. — Article 64. Le bureau d'administration du séminaire principal aura en même temps l'administration des autres écoles ecclésiastiques du diocèse. — Article 65. Il y aura aussi, pour le dépôt des titres, papiers et renseignements, des comptes, des registres, des sommiers, des inventaires, conformément à l'article 54 du réglement des fabriques, une caisse ou armoire à trois clefs, qui seront entre les mains des trois membres du bureau. — Article 66. Ce qui aura été ainsi déposé ne pourra être retiré que sur l'avis motivé des trois dépositaires des clefs, et approuvé par l'archevêque ou évêque; l'avis ainsi approuvé restera dans le même dépôt. — Article 67. Tout notaire devant lequel il aura été passé un acte contenant donation entre vifs ou disposition testamentaire au profit d'un séminaire ou d'une école secondaire ecclésiastique, sera tenu d'en instruire l'évêque. qui devra envoyer les pièces, avec son avis, à notre Ministre des cultes, afin que, s'il y a lieu, l'autorisation pour acceptation soit donnée en la forme accoutumée. Les dons et legs ne seront assujettis qu'au droit fixe d'un franc. — Article 68. Les remboursements et les placements des deniers provenant des dons ou legs aux séminaires ou aux écoles secondaires seront faits conformément aux décrets et décisions ci-dessus cités. — Article 69. Les maisons et biens ruraux des séminaires et des écoles secondaires ecclésiastiques, ne pourront être loués ou affermés que par adjudication aux enchères, à moins que l'archevêque ou évêque et les membres du bureau ne soient d'avis de traiter de gré à gré, aux conditions dont le projet signé d'eux sera remis au trésorier et ensuite déposé dans la caisse à trois clefs, et en sera fait mention dans l'acte. Pour les baux excédant neuf ans, les formalités prescrites par l'art. 9 ci-dessus devront être remplies. — Article 70. Nul procès ne pourra être intenté, soit en demandant, soit en défendant, sans l'autorisation du Conseil de préfecture, sur la proposition de l'archevêque ou évêque, après avoir pris l'avis du bureau d'administration. — Article 71. L'économe sera chargé de toutes les dépenses ; celles qui seraient extraordinaires ou imprévues devront être autorisées par l'archevêque ou évêque, après avoir pris l'avis du bureau ; cette autorisation sera annexée au compte. — Article 72. Il sera toujours pourvu aux besoins du séminaire principal de préférence aux autres écoles ecclésiastiques, à moins qu'il n'y ait, soit par l'institution de ces écoles secondaires, soit par les dons ou legs postérieurs, des revenus qui leur auraient été spécialement affectés. — Article 73. Tous deniers destinés aux dépenses des séminaires, et provenant soit des revenus de biens-fonds ou de rentes, soit des secours du Gouvernement, soit des libéralités des fidèles, et en général quelle que soit leur origine, seront, à raison de leur destination pour un service public, versés dans une caisse à trois clefs, établie dans un lieu sûr au séminaire ; une de ces clefs sera entre les mains de l'évêque ou de son vicaire général, l'autre entre celles du directeur du séminaire, et la troisième dans celles du trésorier. — Article 74. Le versement sera fait le premier jour de chaque mois par le trésorier, suivant un état ou bordereau qui comprendra la recette du mois précédent, avec indication d'où provient chaque somme, sans néanmoins qu'à l'égard de celles qui auront été données, il soit besoin d'y mettre les noms des donateurs. — Article 75. Le trésorier ne pourra faire, même sous prétexte de dépense urgente, aucun versement que dans ladite caisse à trois clefs. — Article 76. Quiconque aurait reçu pour le séminaire une somme qu'il n'aurait pas versée dans les trois mois entre les mains du trésorier, et le trésorier lui-même qui n'aurait pas, dans le mois, fait les versements à la caisse à trois clefs, seront poursuivis conformément aux lois concernant le recouvrement des deniers publics. — Article 77. La caisse acquittera, le premier jour de chaque mois, les mandats de la dépense à faire dans le courant du mois, lesdits mandats signés par l'économe et visés par l'évêque ; en tête de ces mandats seront les bordereaux indiquant sommairement les objets de la dépense. — Article 78. La commission administrative du séminaire transmettra au préfet, au commencement de chaque semestre, les bordereaux de versement par les économes et les mandats des sommes payées. Le préfet en donnera décharge, et en adressera les *duplicata* au Ministre des cultes avec ses observations. — Article 79. Le trésorier et l'économe de chaque séminaire rendront, au mois de janvier, leurs comptes en recette et en dépense, sans être tenus de nommer les élèves qui auraient eu part aux deniers affectés aux aumônes : l'approbation donnée par l'évêque à ces sortes de dépenses leur tiendra lieu de pièces justificatives. — Article 80. Les comptes seront visés par l'évêque, qui les transmettra au Ministère des cultes ; et si aucun motif ne s'oppose à l'approbation, le Ministre les renverra à l'évêque, qui les arrêtera définitivement et en donnera décharge (décret du 6 novembre 1813) (1).

Les *congrégations autorisées* soit de femmes, soit d'hommes, sont aussi des personnes civiles ou morales capables d'être propriétaires, d'acquérir à titre onéreux, d'ester en justice et de recevoir par legs ou donation. Mais l'autorisation du gouvernement est indispensable pour la validité de ces

(1) L'évêque de Moulins a élevé contre cette partie du décret une protestation qui fut suivie de la déclaration d'abus du 4 mars 1835.

contrats et notamment toute donation consentie sans elle serait frappée de nullité. A cet effet, elles doivent produire l'expédition sur papier timbré de l'acte notarié contenant la libéralité, lequel a dû être enregistré dans les dix jours de sa date. En ce qui concerne l'acceptation, elles sont soumises au droit commun (circ. minist., 6 juin 1861). Le gouvernement accorde ou refuse l'autorisation ou la subordonne à une réduction de la libéralité. Dans ce cas, s'il s'agit d'un legs universel fait à la congrégation, les dettes de la succession et les legs particuliers se répartissent proportionnellement entre la congrégation et les héritiers (C. cass., 22 avril 1856). Ces acquisitions, donations et legs sont soumis aux droits proportionnels d'enregistrement et de transcription (loi du 18 avril 1831, art. 17).

Article 910. Les dispositions entre vifs ou par testament au profit des hospices, des pauvres d'une commune ou d'établissements d'utilité publique, n'auront leur effet qu'autant qu'elles seront autorisées par une ordonnance royale. — Article 937. Les donations faites au profit d'hospices, des pauvres d'une commune, ou d'établissements d'utilité publique, seront acceptées par les administrateurs de ces communes ou établissements, après y avoir été dûment autorisés (Code civil).

A ces textes il faut ajouter les articles 1 et 2 de l'ordonnance du 2 avril 1817, remettant au préfet le soin d'autoriser, après approbation provisoire de l'évêque diocésain quand il y a charge de service religieux, l'acceptation des dons et legs en argent ou objets mobiliers n'excédant pas 300 francs et faits aux congrégations reconnues, églises, évêchés, chapitres, grands et petits-séminaires, cures et succursales ; les articles 4, 5 et 7 de la loi du 24 mai 1825, relative à l'autorisation et à l'existence légale des congrégations et communautés religieuses de femmes ; l'ordonnance réglementaire du 14 janvier 1831 rapportée ci-dessus au chapitre des fabriques, et l'article 4 du décret du 13 avril 1861, conférant aux préfets le soin de statuer sur l'autorisation donnée aux établissements religieux de placer en rentes sur l'Etat les sommes sans emploi provenant d'économies et de remboursements de capitaux.

Article 4. Les établissements dûment autorisés pourront, avec l'autorisation spéciale du roi : 1° accepter les biens meubles et immeubles qui leur auraient été donnés par actes entre vifs ou par acte de dernière volonté, à titre particulier seulement ; 2° acquérir à titre onéreux des biens immeubles ou des rentes ; 3° aliéner les biens immeubles ou les rentes dont ils seraient propriétaires. — Article 5. Nulle personne faisant partie d'un établissement autorisé ne pourra disposer, par acte entre vifs ou par testament, soit en faveur de cet établissement, soit au profit de l'un de ses membres, au delà du quart de ses biens, à moins que le don ou legs n'excède pas la somme de 10,000 francs. Cette prohibition cessera d'avoir son effet relativement aux membres de l'établissement, si la légataire ou donataire était héritière en ligne directe de la testatrice ou donatrice. Le présent article ne recevra son exécution pour les communautés déjà autorisées que six mois après la publication de la présente loi ; et pour celles qui seraient autorisées à l'avenir, six mois après l'autorisation accordée. — Article 7. En cas d'extinction d'une congrégation ou maison religieuse de femmes, ou de révocation de l'autorisation qui lui aurait été accordée, les biens acquis par donation entre vifs ou par disposition à cause de mort feront retour aux donateurs ou à leurs parents au degré successible,. ainsi qu'à ceux des testateurs au même degré. Quant aux biens qui ne feraient pas retour, ou qui auraient été acquis à titre onéreux, ils seront attribués et répartis moitié aux établissements ecclésiastiques, moitié aux hospices des départements dans lesquels seraient situés les établissements éteints. La transmission sera opérée avec les charges et obligations imposées aux précédents possesseurs. Dans le cas de révocation prévu par le 1er paragraphe, les membres de la congrégation ou maison religieuse de femmes auront droit à une pension alimentaire qui sera prélevée : 1° sur les biens acquis à titre onéreux : 2° subsidiairement sur les biens acquis à titre gratuit, lesquels, dans ce cas, ne feront retour aux familles des donateurs ou testateurs qu'après l'extinction desdites pensions (loi du 24 mai 1825).

Les autres parties de la loi de 1825 ont trait à la reconnaissance même et à la révocation des congrégations de femmes, sauf l'article 8 et dernier qui en étend les prescriptions autres que celles relatives à l'autorisation, aux congrégations et maisons religieuses de femmes autorisées antérieurement à la loi du 2 janvier 1817. Celle-ci soumettait indistinctement tous les établissements ecclésiastiques à la nécessité d'une autorisation qui émanerait d'une loi. Le législateur de 1825 se contente d'une ordonnance ou d'un décret pour les congrégations religieuses de femmes existant au 1er janvier 1825, et n'exige de loi que pour les congrégations futures. Ces dernières purent se faire autoriser plus tard par décret dans les cas déterminés par le décret du 31 janvier 1852.

Article 1. A l'avenir, aucune congrégation religieuse de femmes ne pourra être autorisée, et, une fois autorisée, ne pourra former d'établissements que dans les formes et sous les conditions prescrites dans les articles suivants. — Article 2. Aucune congrégation religieuse de femmes ne sera autorisée qu'après que ses statuts, dûment approuvés par l'évêque diocésain, auront été vérifiés et enregistrés au Conseil d'Etat, en la forme requise pour les bulles d'institution canonique. Ces statuts ne pourront être approuvés et enregistrés s'ils ne contiennent la clause que la congrégation est soumise dans les choses spirituelles à la juridiction de l'ordinaire. — Après la vérification et l'enregistrement, l'autorisation sera accordée par une loi à celles des congrégations qui n'existaient pas au 1er janvier 1825. A l'égard de celles de ces congrégations qui existaient antérieurement au 1er janvier 1825, l'autorisation sera accordée par une ordonnance du roi. — Article 3. Il ne sera formé aucun établissement d'une congrégation religieuse de femmes déjà autorisée, s'il n'a été préalablement informé sur la convenance et les inconvénients de l'établissement, et si l'on ne produit à l'appui de la demande le consentement de l'évêque diocésain et l'avis du Conseil municipal de la commune où l'établissement devait être formé. L'autorisation spéciale de former l'établissement sera accordée par ordonnance du roi, laquelle sera insérée dans quinzaine au bulletin des lois. — Article 6. L'autorisation des congrégations religieuses de femmes ne pourra être révoquée que par une loi. L'autorisation des maisons particulières dépendantes de ces congrégations ne pourra être révoquée qu'après avoir pris l'avis de l'évêque diocésain, et avec les autres formes prescrites par l'article 3 de la précédente loi (loi du 24 mai 1825).

Considérant qu'il importe, dans l'intérêt du peuple, de faciliter aux congrégations religieuses de femmes, qui se consacrent à l'éducation de la jeunesse et au soulagement des malades pauvres, les moyens d'obtenir leur reconnaissance légale; considérant, d'ailleurs, qu'il est équitable d'appliquer à toutes les communautés religieuses de femmes qui se trouvent dans des conditions analogues les règles précédemment adoptées pour plusieurs établissements de même nature : — Article 1. Les congrégations et communautés religieuses de femmes pourront être autorisées par un décret du Président de la république : 1° lorsqu'elles déclareront adopter, quelle que soit l'époque de leur fondation, des statuts déjà vérifiés et enregistrés au Conseil d'Etat et approuvés pour d'autres communautés religieuses ; 2° lorsqu'il sera attesté par l'évêque diocésain que les congrégations qui présenteront des statuts nouveaux au Conseil d'Etat existaient antérieurement au 1er janvier 1825 ; 3° lorsqu'il y aura nécessité de réunir plusieurs communautés qui ne pourraient plus subsister séparément ; 4° lorsqu'une association religieuse de femmes, après avoir été d'abord reconnue comme communauté régie par une supérieure locale, justifiera qu'elle était réellement dirigée, à l'époque de son autorisation, par une supérieure générale, et qu'elle avait formé, à cette époque, des établissements sous sa dépendance. — Article 2. Les modifications des statuts vérifiés et enregistrés au Conseil d'Etat pourront être également approuvées par le décret. — Article 3. Dans le cas prévu par les articles précédents, l'autorisation ne sera accordée aux congrégations religieuses de femmes qu'après que le consentement de l'évêque diocésain aura été représenté et que les formalités prescrites par les articles 2 et 3 de la loi du 24 mai 1825 auront été remplies (décret du 31 janvier 1852, sur les congrégations et communautés religieuses de femmes).

CONGRÉGATIONS HOSPITALIÈRES DE FEMMES, Article 1. Les congrégations ou maisons hospitalières de femmes, savoir : celles dont l'institution a pour but de desservir les hospices de notre empire, d'y servir les infirmes, les malades et les enfants abandonnés, ou de porter aux pauvres des soins, des secours, des remèdes à domicile, sont placées sous la protection de Madame, notre très chère et honorée Mère. — Article 2. Les statuts de chaque congrégation ou maison séparée seront approuvés par nous et insérés au bulletin des lois pour être reconnues et avoir force d'institution publique. — Article 3. Toute congrégation d'hospitalité dont les statuts n'auront pas été approuvés et publiés avant le 1er janvier 1810, sera dissoute. — Article 4. Le nombre des maisons, le costume et les autres privilèges qu'il est dans notre intention d'accorder aux congrégations hospitalières seront spécifiés dans les brevets d'institution. — Article 5. Toutes les fois que des administrations ou des communes voudraient étendre les bienfaits de cette institution aux hôpitaux de leurs communes ou arrondissements, les demandes seront adressées par les préfets à notre Ministre des cultes, qui, de concert avec les supérieurs des congrégations, donnera les ordres pour l'établissement des nouvelles maisons ; quand cela sera nécessaire, notre Ministre des cultes soumettra l'institution des nouvelles maisons à notre approbation. — Article 6. Les congrégations hospitalières auront des noviciats, en se conformant aux règles établies à ce sujet par leurs statuts. — Article 7. Les élèves ou novices ne pourront contracter de vœux que si elles ont seize ans accomplis. Les vœux des novices âgées de moins de vingt et un ans ne pourront être que pour un an. Les novices sont tenues de présenter les consentements demandés pour contracter mariage, par les articles 148, 149, 150, 159 et 160 du code Napoléon (1). — Article. 8. A l'âge de vingt et un ans, ces novices pourront s'engager pour cinq ans. Ledit engagement devra être fait en présence de l'évêque ou d'un ecclésiastique délégué par l'évêque, et de l'officier civil, qui dressera l'acte et le consignera sur un registre double (2), dont un exemplaire sera déposé entre les mains de la supérieure et l'autre à la municipalité, et, pour Paris, à la préfecture de police. — Article 9. Chaque hospitalière conservera l'entière propriété de ces biens et revenus, et le droit de les administrer et d'en disposer, conformément au code Napoléon. — Article 10 (abrogé par la loi de 1825). Elle ne pourra, par acte entre vifs, ni y renoncer au profit de sa famille, ni en disposer, soit au profit de la congrégation, soit en faveur de qui que ce soit. — Article 11. Il ne sera perçu pour l'enregistrement des actes de donations, legs ou acquisitions légalement faits en faveur des congrégations hospitalières qu'un droit fixe du 1 franc (aujourd'hui remplacé par les droits ordinaires). — Article 12. Les donations seront acceptées par la supérieure de la maison, quand la donation sera faite à une maison spéciale, et par la supérieure générale, quand la donation sera faite à toute la congrégation. — Article 13. Dans tous les cas, les actes de donations ou legs doivent, pour la demande d'autorisation à fin d'accepter, être remis à l'évêque du lieu du domicile du donateur ou

(1) *Adde* circ. minist. du 1er décembre 1861, adressée aux préfets et rappelant cette prescription aux congrégations, sous peine de poursuites judiciaires, mais en opposition avec le concile de Trente (sess. xxv, ch. 18), condamnant les parents qui s'opposent aux vocations religieuses de leurs enfants.

(2) Il a été dit plus haut que cette disposition était tombée en désuétude.

testateur, pour qu'il les transmette avec son avis à notre Ministre des cultes. — Article 14. Les donations, revenus et biens des congrégations religieuses, de quelque nature qu'ils soient, seront possédés et régis conformément au code Napoléon ; et ils ne pourront être administrés que conformément à ce code, et aux lois et règlements sur les établissements de bienfaisance. — Article 15. Le compte des revenus de chaque congrégation ou maison séparée sera remis, chaque année, à notre Ministre des cultes. — Article 16. Les dames hospitalières seront, pour le service des malades ou des pauvres, tenues de se conformer, dans les hôpitaux ou dans les autres établissements d'humanité, aux règlements d'administration. Celles qui se trouveront hors de service pour leur âge ou par leurs infirmités, seront entretenues aux dépens de l'hospice dans lequel elles seront tombées malades et dans lequel elles auront vieilli. — Article 17. Chaque maison, et même celle du chef-lieu, s'il y en a, sera, quant au spirituel, soumise à l'évêque diocésain, qui la visitera et réglera exclusivement. — Article 18. Il sera rendu compte à l'évêque de toutes peines de discipline autorisées par les statuts, qui auraient été infligées. — Article 19. Les maisons des congrégations hospitalières, comme toutes les autres maisons de l'État, seront soumises à la police des maires, des préfets et des officiers de justice. — Article 20. Toutes les fois qu'une Sœur hospitalière aurait à porter des plaintes sur des faits contre lesquels la loi prononce des peines de police correctionnelle ou autres plus graves, la plainte sera renvoyée devant les juges ordinaires.

Je signale, en passant, l'arrêté ministériel du 3 avril 1880, qui, rapportant la décision du 25 juin 1852 et l'immunité qu'elle consacrait, a décidé que les actes par lesquels les membres des congrégations religieuses de femmes déclarent, dans les six mois de leur reconnaissance légale, que les biens acquis en leur nom personnel sont la propriété effective de la congrégation, sont passibles des droits proportionnels d'enregistrement et de transcription.

La loi du 24 mai 1825, l'ordonnance réglementaire du 16 janvier 1831, le décret du 31 janvier 1852 ne sont pas applicables aux congrégations d'hommes (1), et des auteurs en concluent qu'elles restent sous l'empire de la loi du 2 janvier 1817, qui exige leur reconnaissance par une loi (C. cass., 5 mai 1879). Jusque-là et depuis l'an X, elles avaient pu être reconnues par décret, comme la congrégation des Missions-Etrangères et celle du Saint-Esprit, à qui le décret du 2 germinal an XII, confirmé par l'ordonnance du 2 mars 1815, conféra la capacité de recevoir des dons et legs ; la congrégation des Lazaristes, rétablie par le décret du 7 prairial an XII, confirmé par l'ordonnance du 13 février 1816 ; les Frères des Ecoles chrétiennes reconnus par le décret du 17 mars 1808 (art. 109) constitutif de l'université, et l'ordonnance du 29 février 1816, qui a autorisé les municipalités

(1) Cette opinion a été exprimée par le tribunal civil de Dunkerque (28 mars 1878), sur l'article 4 de la loi de 1825. Le jugement dit en outre qu'il n'y a point de substitution prohibée, mais legs conditionnel dans la disposition testamentaire qui lègue une somme d'argent pour la fondation d'un orphelinat dont la direction doit appartenir aux Frères des Ecoles chrétiennes, et en cas de suppression de cet ordre religieux, à une autre congrégation désignée par l'évêque diocésain.

à les choisir pour instituteurs. Ceux-ci dépendent du Ministère de l'instruction publique. Toutefois un grand nombre de congrégations d'hommes ont été autorisées par des ordonnances royales et décrets impériaux comme associations charitables ou enseignantes et comme établissements d'utilité publique (loi du 15 mars 1850, art. 31, 34, 79).

Article 1. Tout établissement ecclésiastique reconnu par la loi pourra accepter, avec l'autorisation du roi, tous les biens, meubles ou rentes qui lui seront donnés par actes entre vifs ou par actes de dernière volonté. — Article 2. Tout établissement ecclésiastique reconnu par la loi pourra également, avec l'autorisation du roi, acquérir des biens immeubles ou des rentes. — Article 3. Les immeubles ou rentes appartenant à un établissement ecclésiastique seront possédés à perpétuité par ledit établissement, et seront inaliénables, à moins que l'aliénation n'en soit autorisée par le roi (loi du 2 janvier 1817 sur les donations et legs aux établissements ecclésiastiques).

Certains secours sont accordés par l'Etat à quelques congrégations autorisées. La loi des finances de 1881 en fait la répartition suivante :

Calvados.	Dames du Refuge, à Caen.	1,000.
Charente-Inférieure.	Sœurs du Refuge, a la Rochelle.	2.000.
Doubs.	Idem, à Besançon.	3,000.
Ille-et-Vilaine.	Sœurs du Refuge, à Rennes	4,000.
Meurthe-et-Moselle.	Sœurs de Saint-Charles, à Nancy.	600.
Oise.	Sœurs du Sacré-Cœur, a Beauvais.	3,000.

	Dames Augustines, à Paris	3,000.
	Sœurs de Saint-Vincent-de-Paul, à Paris.	18.000.
Seine.	Sœurs de Saint-Maur, à Paris.	3,000.
	Sœurs du Refuge de Saint-Michel, à Paris.	12,500.
	Sœurs de Saint-Thomas-de-Villeneuve, à Paris.	3,500.
Seine-et-Oise.	Sœurs du Refuge, à Versailles.	2,000.
Haute-Vienne.	Sœurs de Saint-Alexis, à Limoges.	2,400.
Seine.	Lazaristes, à Paris.	1,000.
	Missions étrangères, à Paris.	1,000.

La répartition de ces secours qui, réduits de 105,000 francs à 85,000 francs par la loi des finances du 21 décembre 1879 (V. Décret du 12 janvier 1880), ne s'élèvent plus qu'à 60,000 francs, avait été faite antérieurement par les décrets des 3 février 1808, 30 novembre 1847, 26 décembre 1848, 29 mai 1849, 10 juillet 1850 et 28 décembre 1859.

Une question intéressante est celle de savoir si les biens donnés conformément à l'usage, pour faire recevoir une fille dans une communauté, constituent des libéralités soumises aux règles des donations ou des contrats à titre onéreux. On convient généralement que la dot ou l'aumône dotale n'est pas une donation pour la communauté qui s'engage en retour à pourvoir aux besoins de la personne agrégée. Même à l'égard de cette dernière, elle n'est pas non plus une libéralité proprement dite ; car quoique susceptible d'être rapportée à la succession du constituant, quand elle dépasse la dette naturelle des aliments, elle est plutôt stipulée au profit d'un tiers et ne peut être révoquée dès que ce tiers (la communauté) a déclaré vouloir en profiter. De là il résulte que les aumônes dotales ne sont pas soumises aux nécessités de l'autorisation, du ministère des notaires, de la rédaction d'un acte, pourvu qu'il y ait un consentement exprès. Enfin la dot reste toujours acquise à la communauté, et en cas de prédécès de la personne agrégée, elle ne fait pas retour au constituant (Agen, 22 mars et 12 juillet 1836).

Les règles précédemment citées sont étrangères aux congrégations non reconnues, du moins en ce qui concerne la personnalité civile (Nancy, 15 juin 1878).

Seuls les individus dont elles sont formées jouissent d'une véritable capacité qu'elles peuvent utiliser pour contracter, ester en justice, acquérir et posséder par leur intermédiaire et sous leurs noms (Paris, 21 février 1879). Mais de ce que les congrégations non reconnues ne constituent pas des personnes morales, de ce qu'elles ne peuvent ni recevoir, ni acquérir, ni posséder, ni ester en justice que sous le nom de personnes interposées, de ce que le droit civil, distinguant la personnalité de la congrégation de celle de ses membres, ne reconnaît point l'être collectif, il ne s'en suit pas que les congrégations non autorisées n'existent sur le territoire qu'en vertu de la tolérance gouvernementale, que le pouvoir exécutif puisse les dissoudre, et que la loi pénale, qui n'atteint jamais que les individus pour les punir dans des cas déterminés, ait action sur l'être collectif ou l'administration. Non, ce serait se tromper gravement sur le sens des mots et confondre deux parties distinctes du droit français : le code civil et le code pénal.

D'abord, il n'existe aucune loi qui investisse le gouvernement du pouvoir de disperser des religieux, des citoyens français vivant ensemble au même domicile, comme le droit commun le leur permet. Les vœux qu'ils ont prononcés et qui caractérisent leur état de religieux n'autorisent aucune mesure de ce genre, n'étant réprimés par aucune loi, ni par la loi du 13 février 1790 qui, en retirant au lien religieux l'ancienne sanction du pouvoir civil, lui laisse la protection du principe proclamé de la liberté de conscience, et, en supprimant les congrégations comme établissements de mainmorte, respecte et déclare libre la vie en commun (art. 2, où il est dit qu'il *sera indiqué des maisons où les religieux seront tenus de se retirer*); — ni par la loi du 18 août 1792 qui n'édicte de peine que contre ceux qui porteraient le costume religieux, et laisse, comme la précédente, subsister les congrégations comme associations à titre individuel; — ni par l'article 11 de la loi du 18 germinal an X qui n'excepte de la suppression que les chapitres cathédraux et les séminaires; — ni par le décret impérial anticonstitutionnel du 3 messidor de l'an XII, abrogé par le code pénal de 1810 dont les articles 291 et 292 ont réglé la matière des associations (1) ; — enfin ni par les décrets du 29 mars 1880 qui ne prétendent pas modifier la législation en vigueur et visent des lois mortes et inapplicables.

Il n'y a donc pas de loi d'exception frustrant des Français des garanties du droit commun à cause de leurs vœux religieux. La police judiciaire dont la mission est de rechercher les délits ne pourrait pas les livrer aux tribunaux, et la police administrative qui tend seulement à prévenir les délits, ses pouvoirs expirant d'ailleurs au seuil du domicile, est également et encore plus désarmée. L'administration ne pourrait sévir que contre les congréganistes étrangers en vertu de la faculté qui lui a été conférée par les lois du 28 vendémiaire an VI (art. 7) et 3 décembre 1849, d'expulser les

(1) Il a été abrogé également par la charte de 1814, article 63, et par la loi de 1873, article 54, qui a aboli les tribunaux extraordinaires ; par la loi du 24 mai 1825, qui a considéré l'existence de fait des congrégations comme un titre à la reconnaissance légale ; par la loi du 15 mars 1850, qui a admis les membres des congrégations non autorisées à l'enseignement primaire et secondaire ; par la loi du 12 juillet 1875, qui les a admis à l'exercice de l'enseignement supérieur. Enfin il faut dire que le décret de messidor n'a pas été mis en mouvement une seule fois par le ministère public depuis soixante-dix ans. — Voir les consultations des Mes Rousse et Demolombe, auxquelles la plupart des barreaux ont adhéré. Voir circ. minist., 2 avril 1880, sur l'exécution des décrets.

étrangers. En outre, les congrégations non reconnues échappent à l'application des articles 291 et 292 (1) du code pénal complétés par la loi du 10 avril 1834 sur les associations illicites de plus de vingt personnes. En effet, ces articles se refusent à comprendre dans ce nombre les personnes domiciliées dans la maison où se tiennent les séances de l'association, et comme le droit pénal est de droit étroit, comme aussi il n'y a aucun péril pour la société à admettre une association quelconque domiciliée, permanente et ostensible, il en résulte que non seulement les congrégations non autorisées ne sont pas atteintes par ces articles, mais encore qu'elles sont reconnues par eux licites et inviolables.

Dès lors les dernières mesures de l'administration contre les congrégations non autorisées n'ont pu être prises qu'au mépris des principes les plus élémentaires du droit. Ces violences ont donné naissance à des recours devant les tribunaux

(1) Nulle association de plus de vingt personnes, dont le but sera de se réunir tous les jours ou à certains jours marqués pour s'occuper d'objets religieux, littéraires, politiques ou autres, ne pourra se former qu'avec l'agrément du gouvernement, et sous les conditions qu'il plaira à l'autorité publique d'imposer à la société. Dans le nombre des personnes indiquées par le présent article, ne sont pas comprises celles domiciliées dans la maison où l'association se réunira. — Article 292. Toute association de la nature ci-dessus exprimée qui se sera formée sans autorisation, ou qui, après l'avoir obtenue, aura enfreint les conditions à elle imposées, sera dissoute. Les chefs, directeurs ou administrateurs de l'association seront en outre punis d'une amende de seize francs à deux cents francs.

judiciaires, tendant à la réintégration dans le domicile violé. Mais ces tribunaux à qui il appartient de faire respecter la liberté, le domicile, la propriété des citoyens, ayant affirmé leur compétence, des arrêtés de conflit ont entravé le cours ordinaire de la justice. Puis le tribunal des conflits s'est prononcé en faveur de l'administration (5 novembre 1880). Il était présidé par l'un des principaux auteurs des décrets, qui a départagé les voix, en violation d'un autre principe de droit non moins élémentaire ni moins absolu, à savoir qu'on ne peut être à la fois juge et partie dans la cause.

On est allé plus loin encore dans cette voie de l'arbitraire, et la loi de 1850 sur la liberté de l'enseignement et les décrets eux-mêmes du 29 mars qui n'ôtaient pas aux anciens religieux le droit d'enseigner, ont été violés à leur tour par les conseils académiques et le conseil supérieur de l'instruction publique statuant sur l'appel de leurs décisions. Je ne cite que le jugement du 6 janvier 1881, confirmant la sentence inouïe du conseil académique de Toulouse du 23 octobre 1880, et reproduite aujourd'hui par le conseil académique de Rennes (11 juin 1881).

La même animosité a fait émettre un projet de loi dont la discussion est prochaine et qui tend à enlever aux Dames Dominicaines de la Croix, aux Lazaristes, aux Dames Annonciades, aux Chartreux la jouissance d'immeubles à eux concédés par l'Etat. Cependant le bail qui, par exemple, a été consenti aux Chartreux par un décret du 6 juin 1857, confirmant une ordonnance du 27 avril 1816, est un contrat synallagmatique qui n'est révocable que dans le cas d'inexécution des obligations imposées à la congrégation. Alors seulement la reprise de la jouissance des biens domaniaux serait possible ; mais en dehors de cette exécution, il ne saurait y avoir que spoliation et que violence (V. dans le *Courrier du Dauphiné*, au numéro du 20 janvier 1881, un article important intitulé ainsi : La grande Chartreuse et l'Etat.)

Enfin un dernier abîme a été creusé. Indépendamment des actions civiles, des poursuites ont été intentées au criminel par les victimes de l'arbitraire pour violation de domicile et actes attentatoires à la liberté individuelle. Ces crimes et délits sont prévus en effet par les articles 114 et 184 du code pénal. Or les tribunaux judiciaires ont retenu ces plaintes (Bordeaux, Poitiers, Angers, Lille, 24 décembre 1880). Une seule question a paru douteuse, celle de savoir si c'est aux premiers présidents des Cours d'appel, par application de la loi du 20 avril 1810, ou bien au magistrat instructeur de droit commun, qu'il appartient d'instruire sur les faits articulés contre les commissaires de police et les préfets. Mais ce point secondaire écarté, il est certain qu'en présence de l'article 1er de l'ordonnance du 1er juin 1828 : « A l'avenir le conflit d'attribution ne sera jamais élevé en matière criminelle, » l'administration ne saurait être reconnue fondée à suspendre par la voie du conflit les instances criminelles. Il n'y avait donc pas lieu de confirmer les arrêtés de conflits intervenus à la suite de décisions judiciaires qui proclamaient la compétence des premiers présidents ou des juges d'instruction. En vain dirait-on que les crimes et délits relevés dans les plaintes des religieux sont des actes administratifs, et que l'autorité judiciaire ne peut pas troubler les opérations des corps administratifs commises non pas dans l'exercice, mais à l'occasion de leurs fonctions administratives, la déclaration de compétence laisse intact le principe de la séparation des pouvoirs. Ces données sont élémentaires ; cependant les arrêtés de conflits ont été confirmés (trib. des conflits, 22 décembre 1880).

Les biens des fabriques, cures, succursales, menses épiscopales, séminaires, chapitres et congrégations autorisées, sont assujettis à la taxe des biens de mainmorte établie par la loi du 20 février 1849. Cette taxe, assimilable à la contribution foncière, remplace les droits de mutation qu'évitent les personnes morales, comme elles ne meurent point, n'aliènent que rarement et, quand elles ne l'augmentent pas, laissent intact leur patrimoine. Celui-ci est mort pour la circulation. Le Conseil d'Etat a décidé plusieurs fois que les biens exemptés même à titre temporaire de la contribution foncière sont, par cela même, affranchis de la taxe des biens de mainmorte (30 mai 1861, 28 mai 1867, 9 juin 1876). D'un autre côté, la loi du 30 mars 1872, en élevant les droits d'enregistrement sur les transmissions entre vifs et par décès, a également augmenté la taxe des biens de mainmorte. Les immeubles dont les établissements ecclésiastiques ont la nue-propriété ne doivent que la moitié de la taxe (C. d'Et. 14 décembre 1868).

Article 1. Il sera établi, à partir du 1er janvier 1849, sur les biens immeubles passibles de la contribution foncière appartenant aux départements, communes, hospices, séminaires, fabriques, congrégations religieuses, consistoires, établissements de charité, bureau de bienfaisance, sociétés anonymes et tous établissements publics légalement autorisés, une taxe annuelle représentative des droits de transmission entre vifs et par décès. Cette taxe sera calculée à raison de 62 centimes et demi pour franc du principal de la contribution foncière. — Article 2. Les formes prescrites pour l'assiette et le recouvrement de la contribution foncière seront suivies pour l'établissement et la perception de la nouvelle taxe. — Article 3. La taxe annuelle établie par la présente loi sera à la charge du propriétaire seul pendant la durée des baux actuels, nonobstant toutes stipulations contraires (loi du 20 février 1849, relative à l'application de l'impôt des mutations aux biens de mainmorte). Article 5. A partir du 1er janvier 1873, la taxe annuelle représentative des droits de transmission entre vifs et par décès, fixé par l'article 1 de la loi du 20 février 1849, est élevée à 70 centimes pour franc du principal de la contribution foncière ; cette taxe sera en outre soumise, à l'avenir, aux décimes auxquels sont assujettis les droits d'enregistrement (loi du 30 mars 1872).

La taxe est aujourd'hui de 84 cent. pour franc.

Mais la situation fiscale des congrégations religieuses a été surtout aggravée par la loi des finances du 29 décembre 1880, qui, les assimilant à des sociétés financières, les a frappées d'impôts que réprouvent absolument la nature et le but de ces congrégations. Elle les a assujetties à l'impôt de 3 p. 100, tel qu'il est établi par la loi du 29 juin 1872, et au droit d'accroissement, qu'elle a porté jusqu'à 11 fr. 25 c. p. 100 (9 p. 100 et décimes) par une présomption de libéralité des plus contestable. Cette loi, émise sous un prétexte d'égalité, parait bien injuste quand on considère que la plupart des propriétés bâties des congrégations ne rapportent rien, qu'elles sont ouvertes aux infortunes plutôt qu'à la richesse ; qu'évaluer à 5 p. 100 leur revenu imposable, c'est frapper durement l'indigence ; qu'exiger des communautés des déclarations et les soumettre, comme on a dit, au contrôle énergique de l'administration, c'est les mettre à la merci du fisc et exercer des rigueurs que l'arbitraire suffit à peine à expliquer.

Outre les articles 3 et 4 reproduits ci-dessous, le projet de loi renfermait une disposition sur les patentes qui a été supprimée par suite des déclarations apportées par le gouvernement à la tribune législative, que l'impôt sur les patentes serait perçu dès 1881 sur tous les établissements charitables, ouvroirs et pensionnats qui en avaient été exemptés jusqu'ici, l'administration des contributions directes ayant, comme de raison, regardé le travail de ces établissements comme un accessoire étranger au fisc (1).

Article 3. L'impôt établi par la loi du 29 juin 1872 sur les produits et bénéfices annuels des actions, parts d'intérêts et commandites, sera payé par toutes les sociétés dans lesquelles les produits ne doivent pas être distribués en tout ou en partie entre leurs membres. Les mêmes dispositions s'appliquent aux associations reconnues et aux sociétés ou associations même de fait existant entre tous ou quelques-uns des membres des associations reconnues ou non reconnues. Le revenu est déterminé : 1° pour les actions, d'après les délibérations, comptes rendus ou documents prévus par le premier paragraphe de l'article 2 de la loi du 29 juin 1872 : 2° et pour les autres valeurs, soit par les délibérations des Conseils d'administration prévues dans le troisième paragraphe du même article, soit par la déclaration des représentants des sociétés ou associations, appuyée de toutes les justifications nécessaires; soit, à défaut de délibérations et de déclarations, à raison de 5 p. 100 de l'évaluation détaillée des meubles et des immeubles composant le capital social. Le paiement de la taxe applicable à l'année expirée sera fait par la société ou l'association dans les trois premiers mois de l'année suivante sur la remise des extraits des délibérations, comptes rendus ou documents analogues, et de la déclaration

(1) La presse a vivement commenté un arrêt du Conseil d'Etat (5 février 1881), duquel il résulte qu'une communauté hospitalière de femmes, « bien que n'exerçant pas une industrie dénommée dans les tableaux annexés aux lois sur la constitution des patentes, doit être imposée *par voie d'analogie.* » Elle a dénoncé le procédé de l'administration du fisc qui, dans certaine localité, a prétendu faire payer l'impôt à une communauté des Sœurs Clarisses pour confection de pains d'autel.

souscrite conformément à l'article 16 de la loi du 22 frimaire an VII. L'inexactitude des déclarations, délibérations, comptes rendus ou documents analogues peut être établie conformément aux articles 17, 18 et 19 de la loi du 22 frimaire an VII, 13 et 15 de celle du 23 août 1871. Chaque contravention aux dispositions qui précèdent et à celles du règlement d'administration publique qui sera fait, s'il y a lieu, pour leur exécution, sera punie conformément à l'article 5 de la loi du 29 juin 1872. Sont maintenues toutes les dispositions de cette dernière loi et du règlement d'administration publique du 6 décembre 1872, qui n'ont rien de contraire aux précédentes dispositions. — Article 4. Dans toutes les sociétés ou associations civiles qui admettent l'adjonction de nouveaux membres, les accroissements opérés, par suite de clause de réversion, au profit des membres restants, de la part de ceux qui cessent de faire partie de la société ou association, sont assujettis aux droits de mutation par décès, si l'accroissement se réalise par le décès, ou aux droits de donation, s'il a lieu de toute autre manière, d'après la nature des biens existants au jour de l'accroissement, nonobstant toutes cessions antérieures faites entre vifs au profit d'un ou de plusieurs membres de la société ou de l'association. La liquidation et le paiement de ce droit auront lieu dans la forme, dans les délais et sous les peines établies par les lois en vigueur pour les transmissions d'immeubles.

Toute congrégation religieuse est soumise à la juridiction de l'ordinaire pour tout ce qui regarde le régime intérieur et les devoirs professionnels. Les tribunaux civils sont incompétents pour connaître des questions de discipline, et cette incompétence a été plusieurs fois reconnue, notamment par les Cours de Riom et de Chambéry, qui ont décidé qu'un tribunal civil est incompétent pour statuer sur la demande de pension viagère formée contre une communauté pour cause d'exclusion par une religieuse expulsée suivant les règles approuvées par l'évêque ; mais qu'il est au contraire compétent pour juger la demande de dommages-intérêts formée par une religieuse qui attribue son exclusion à des causes étrangères à la discipline, par exemple à son état de maladie (27 février 1856 ; 28 juin 1875). La Cour de cassation a également affirmé la compétence des tribunaux civils, à l'exclusion des tribunaux administratifs dans la connaissance des contrats passés entre les communes et les congrégations enseignantes pour adjuger à ces dernières des dommages-intérêts (18 août et 9 novembre 1874).

DES SÉPULTURES

D'après une jurisprudence constante mais peu rationnelle, les lieux consacrés à l'enterrement des morts, quelle que soit leur origine, n'appartiennent pas aux fabriques et dépendent du domaine public de la commune (Agen, 28 février 1870 ; Lyon, 4 février 1875). Les fabriques ne seraient pas autorisées à accepter des dons et legs de terrains destinés à servir de lieu de sépulture, mais seulement une donation faite à charge d'entretenir une tombe (circ. minist., 10 août 1862 ; décis. minist., 6 avril 1868). Les fabriques n'ont que la faculté de percevoir les produits spontanés des cimetières, comme les herbages ; tous les autres appartiennent aux communes qui en disposent comme elles le jugent convenable (décis. minist. du 18 janvier 1839 ; avis du Conseil d'Etat du 22 janvier 1841). Elles seules peuvent concéder des terrains aux personnes qui désirent y posséder une place distincte et séparée pour y fonder leur sépulture et celles de leurs parents et successeurs. Le prix ou du moins la plus grande partie du prix de ces concessions, un tiers étant attribué aux pauvres ou aux hospices, est une source de revenus et figure parmi les ressources ordinaires de leur budget (loi du 18 juillet 1837, art. 31, 9°). Mais elles restent responsables du mauvais état des concessions imputable à l'organisation défectueuse de la police des cimetières (Lyon, 16 mai 1877). En échange de son prix, le concessionnaire, sans succéder au droit inaliénable de propriété communale, obtient des garanties plus ou moins étendues, suivant que la concession est perpétuelle ou temporaire. S'il ne peut pas, son droit étant personnel, disposer de la concession, ni à titre gratuit, ni à titre onéreux (C. cass. 7 avril 1857), son consentement est du moins nécessaire pour qu'on puisse déplacer le monument funèbre pour la rectification d'un chemin d'accès (décis. minist., 1861), et si, par mesure d'utilité publique, l'administration supérieure ordonne la translation du cimetière, ses droits sont transportés dans le cimetière nouveau. Il y obtient un emplacement égal en superficie, et l'exhumation est faite aux frais de la commune. Celle-ci est également chargée des dépenses accessoires de pompe funèbre, du transport des matériaux : seule la reconstruction des monuments reste à la charge des familles (Trib. civil d'Agen, 1er juillet 1870). L'administration locale doit les prévenir, afin que les exhumations et réinhumations se fassent convenablement avec leur concours.

Les règles précédentes affectent les trois classes de concessions imposées par la loi aux administrations municipales et qui sont perpétuelles, trentenaires ou temporaires, au choix des familles, le prix du mètre du terrain (soit 50 francs pour les perpétuelles et 25 francs pour les temporaires) devant aussi être fixé invariablement pour chaque classe de concessions (décis. minist., 1856). Les perpétuelles se paient naturellement plus cher que les temporaires et les trentenaires, quoique celles-ci se rapprochent des premières par la faculté qu'on a de les renouveler indéfiniment. Mais, malgré cet avantage, les concessions trentenaires n'engagent pas l'avenir d'une manière aussi absolue, car le défaut de paiement de la redevance à l'expiration de la période de renouvellement permettrait à la commune de reprendre le terrain après deux ans. Dans cet intervalle, les familles seraient mises en demeure d'enlever les tombes abandonnées, et, après avis itératif donné un an après le premier avertissement, la commune pourrait affecter les matériaux à l'entretien du cimetière (décis. minist., 1863).

Les actes qui constatent les concessions sont soumis au timbre et à l'enregistrement d'après le tarif des baux ou des ventes d'immeubles suivant qu'il s'agit de concessions temporaires ou de concessions perpétuelles et trentenaires (inst. minist., 1857). Il a été jugé 1° qu'un tombeau de famille appartient aux héritiers dans la proportion de leur

part héréditaire (trib. de la Seine, 24 déc. 1856);
2° qu'une concession ne peut pas être comprise
dans la masse partageable pour fixer la quotité
disponible (C. cass., 7 avril 1857); 3° que la mission
donnée par un testateur à son exécuteur testamentaire de veiller à ce que ses restes soient inhumés
dans un endroit déterminé comporte le droit de
veiller à ce que la sépulture ne soit pas modifiée et
ne cesse pas avec l'année de la saisine (trib. de Lyon,
30 juin 1877); 4° qu'un tombeau de famille ne doit
être affecté qu'aux membres de cette famille, à
moins que tous les propriétaires du tombeau ne
consentent à l'inhumation de personnes étrangères.
Ainsi l'un des copropriétaires du tombeau ne
peut y faire inhumer son beau-père sans ce consentement commun, et les tribunaux pourraient
ordonner l'exhumation (Marseille, trib. civil, 14
avril 1880).

Article 10. Lorsque l'étendue des lieux consacrés aux
inhumations le permettra, il pourra y être fait des concessions de terrains aux personnes qui désireront y posséder une place distincte et séparée pour y fonder leur
sépulture et celle de leurs parents ou successeurs, et y
construire des caveaux, monuments ou tombeaux (décret
sur les sépultures du 23 prairial an XII).

Article 3. Les concessions de terrains dans les cimetières communaux, pour fondation de sépultures privées,
seront à l'avenir divisées en trois classes : 1° concessions
perpétuelles; 2° concessions trentenaires; 3° concessions
temporaires. Aucune concession ne peut avoir lieu qu'au
moyen du versement d'un capital, dont deux tiers

au profit de la commune, et un tiers au profit des pauvres ou des établissements de bienfaisance. Les concessions trentenaires seront renouvelables indéfiniment, à l'expiration de chaque période de trente ans, moyennant une nouvelle redevance qui ne pourra dépasser le taux de la première. A défaut du paiement de cette redevance, le terrain fera retour à la commune ; mais il ne pourra cependant être repris par elle que deux années révolues après l'expiration de la période pour laquelle il avait été concédé, et, dans l'intervalle de ces deux années, les concessionnaires ou leurs ayants-cause pourront user de leur droit de renouvellement. Les concessions temporaires seront faites pour quinze ans au plus et ne pourront être renouvelées. — Article 4. Le terrain nécessaire aux séparations et passages établis autour des concessions devra être fourni par la commune. — Article 5. En cas de translation d'un cimetière, les concessionnaires ont droit d'obtenir dans le nouveau cimetière un emplacement égal en superficie au terrain qui leur aurait été concédé, et les restes qui y avaient été inhumés seront transférés aux frais de la commune (ordonnance relative aux cimetières, du 6 décembre 1843).

Ladite ordonnance exigeait encore, dans son article 7, que des tarifs présentant des prix gradués fussent proposés par les Conseils municipaux et approuvés par des arrêtés préfectoraux ou par des décrets quand les revenus de la commune dépassaient 100,000 francs. Mais aux termes du décret du 25 mars 1852 sur la décentralisation administrative, les préfets approuvent les tarifs de concession, quels que soient les revenus des communes, et d'après le décret du 13 avril 1861, les sous-préfets eux-mêmes peuvent homologuer les tarifs quand ils sont établis d'après les conditions fixées par arrêté préfectoral. Le maire, au surplus, est suffisamment autorisé, sans intervention nouvelle de l'administration, à délivrer ensuite chaque acte de concession, en se conformant à ce tarif (décis. minist., 1862). D'après la loi du 24 juillet 1867, article 1er, les conseils municipaux statuent souverainement sur les concessions de sépultures, et leurs délibérations ne sont soumises à l'approbation préfectorale que quand il y a dissentiment entre eux et les maires. En outre, si elles violaient les prescriptions de prairial, le préfet pourrait les annuler (même loi, art. 6).

C'est un principe que toute personne après son décès doit être enterrée dans le cimetière communal. Par exception elle pourra, elle et sa famille, avec l'autorisation de l'administration municipale, sauf recours au préfet en cas de refus (C. cass., 11 juillet 1856; décis. minist., 1862), être enterrée dans sa propriété particulière, et l'on comprend qu'il ne saurait être question alors de taxe de concession (décis. minist., 1856). Mais pour donner lieu à ce privilège, il faut que la propriété soit située à la distance d'au moins trente-cinq à quarante mètres de l'enceinte des communes, et que l'administration locale puisse exercer son droit de police et de surveillance. De plus, un permis spécial d'inhumation doit être délivré par le maire à chaque décès d'un membre de la famille. L'autorité municipale ne pourrait pas autoriser d'une manière générale la fondation d'une sépulture de famille, mais seulement des inhumations individuelles, et cette règle serait peut-être applicable aux congrégations religieuses possédant des propriétés qui réuniraient les conditions légales de distance et de salubrité (décis. minist., 1860, *contra* C. d'Et., avis du 14 juillet 1832). Ces principes sont l'application de mesures plus générales concernant les cimetières communaux.

Il est interdit de faire aucune inhumation dans les édifices consacrés au culte et dans l'enceinte des villes et des bourgs. Cette défense est d'ordre public. Elle ne souffre d'autre exception que celle admise en faveur des évêques et du donateur d'une chapelle, d'une église, ou d'un hospice (Cons. d'Et., 8 août 1873). Les lieux d'inhumation doivent être situés de trente-cinq à quarante mètres au moins de l'enceinte des villes, des bourgs et même des villages où l'administration le jugerait possible et opportun (décis. minist., 1856 et 1862). Les cimetières situés en deçà de ces limites (et il faut remarquer que les terrains clos sont réputés parties intégrantes des habitations, Cons. d'Et., 2 juillet 1875), ne sont donc pas susceptibles d'agrandissement, et l'obligation de les transférer plus loin incombe aux communes. Cependant si l'état des ressources communales ne permettait pas la translation du cimetière, son agrandissement pourrait être autorisé comme présentant déjà une amélioration sensible (décis. minist., 1857), sinon la commune intéressée aurait encore la faculté de traiter avec une commune voisine, soit pour l'établissement d'un cimetière commun, soit pour faire usage du cimetière existant, moyennant un prix de location (Cons. d'Et., 29 mai 1867). Les administrations municipales doivent choisir de préférence des terrains élevés et les entourer de murs ou de haies vives (décis. minist., 1859). Ensuite elles doivent veiller à l'exécution des prescriptions légales concernant les inhumations, la séparation des fosses, leur espacement, leurs dimensions et leur renouvellement quinquennal. — Il appartient au préfet d'ordonner, sur l'avis du Conseil municipal, la translation du cimetière, et de déterminer le nouvel emplacement après une enquête *de commodo et incommodo* accomplie dans les formes prescrites par la circulaire ministérielle du 20 août 1825 (1). Cette enquête est d'autant plus nécessaire que l'établissement de nouveaux cimetières grève les immeubles avoisinants de servitudes assez lourdes, comme : 1°, sauf autorisation, la défense d'élever une habitation ou de creuser un puits à moins de cent mètres, de restaurer et d'augmenter les bâtiments existant à cette distance (2), et 2° la faculté

(1) Il y aurait lieu de déférer au Conseil d'Etat l'arrêté préfectoral qui ne tiendrait pas compte des prescriptions de l'ordonnance de 1843 et du décret de prairial an XII (C. d'Et., 13 déc. 1878).

(2) Il y a une contradiction apparente entre cette mesure fixée par le décret de 1808, et celle indiquée par le décret de l'an XII, qui exige que les nouveaux cimetières soient éloignés de trente-cinq à quarante mètres seulement des

qu'a le préfet de faire combler les puits. Il importe donc que les propriétaires intéressés soient mis en état de faire valoir leurs réclamations avant que, le Conseil municipal ayant délibéré, le préfet statue en Conseil de préfecture. L'établissement de nouveaux cimetières amène la fermeture des anciens et les met hors de commerce pendant cinq ans. Jusqu'à l'expiration de ce délai, les communes ne pourraient les transformer en places publiques ni en faire un autre usage. Elles peuvent alors vendre ces terrains et les affermer, mais seulement pour être ensemencés et plantés; il faut cinq nouvelles années pour qu'il soit permis d'y faire des fouilles ou fondations de bâtiments (1) (décis. minist., 1859 et 1860).

Article 1. Aucune inhumation n'aura lieu dans les enceintes habitées. Dans la pratique, on distingue le côté des habitations que la translation des cimetières à la distance légale de trente-cinq à quarante mètres a exonéré de toute servitude, et le côté des terrains non bâtis, destinés, dans l'esprit du décret de 1808, à faciliter plus tard l'agrandissement du cimetière. D'ailleurs, il est entendu que les servitudes dont il s'agit ne grèvent pas les bâtiments situés aux abords des anciens cimetières (décis. minist., 1856). Il a été jugé que l'habitation élevée à une distance du cimetière moindre que celle prescrite par le décret de 1808, devait être démolie quoique située le long d'une rue et ne dépassant pas l'alignement (C. cass., 23 janvier 1863).

(1) Combinaison des articles 8 et 9 du décret de prairial an XII, et de l'article 9 de la loi du 15 mai 1791, ainsi conçu : « Les cimetières ne peuvent être mis dans le commerce qu'après dix années, à compter depuis les dernières inhumations. »

églises, hôpitaux, chapelles publiques et généralement dans aucun des édifices clos et fermés où les citoyens se réunissent pour la célébration de leurs cultes ou dans l'enceinte des villes et des bourgs. — Article 2. Il y aura hors des villes et des bourgs, à la distance de trente-cinq à quarante mètres au moins de leur enceinte, des terrains spécialement consacrés à l'inhumation des morts. — Article 3. Les terrains les plus élevés et exposés au nord seront choisis de préférence ; ils seront clos de murs de deux mètres au moins d'élévation. On y fera des plantations, en prenant les précautions convenables pour ne point gêner la circulation de l'air. — Article 4. Chaque inhumation aura lieu dans une fosse séparée ; chaque fosse qui sera ouverte aura un mètre cinq décimètres à deux mètres de profondeur sur huit décimètres de largeur, et sera ensuite remplie de terre bien foulée. — Article 5. Les fosses seront distantes les unes des autres de trois à quatre décimètres sur les côtés, et de trois à cinq décimètres à la tête et aux pieds. — Article 6. Pour éviter le danger qu'entraîne le renouvellement trop rapproché des fosses, l'ouverture des fosses pour de nouvelles sépultures n'aura lieu que de cinq années en cinq années. En conséquence, les terrains destinés à former les lieux de sépulture seront cinq fois plus étendus que l'espace nécessaire pour y déposer le nombre des morts qui peuvent y être déposés chaque année. — Article 8. Aussitôt que les nouveaux emplacements seront disposés à recevoir les inhumations, les cimetières existants seront fermés et resteront dans l'état où ils se trouveront sans que l'on puisse en faire usage pendant cinq ans. — Article 9. A partir de cette époque, les terrains servant maintenant de cimetières peuvent être affermés par les communes auxquelles ils appartiennent, mais à la condition qu'ils ne seront qu'ensemencés ou plantés, sans qu'il puisse y être fait aucune fouille ou fondations pour des constructions de bâtiment,

jusqu'à ce qu'il en soit autrement ordonné. — Article 14.
Toute personne pourra être enterrée dans sa propriété,
pourvu que ladite propriété soit hors et à la distance prescrite des villes et des bourgs, c'est-à-dire hors de l'enceinte
des communes, et à la distance d'au moins trente-cinq à
quarante mètres de cette enceinte. — Article 15.
Les lieux de sépulture, soit qu'ils appartiennent aux
communes, soit qu'ils appartiennent à des particuliers,
seront soumis à l'autorité, police et surveillance des
administrations municipales (décret sur les sépultures du
23 prairial an XII.)

Article 1. Nul ne pourra, sans autorisation, élever
aucune habitation, ni creuser aucun puits, à moins de
cent mètres des nouveaux cimetières transférés hors des
communes, en vertu des lois et règlements. — Article 2.
Les bâtiments existants ne pourraient également être
restaurés ni augmentés sans autorisation. Les puits pourront, après visite contradictoire d'experts, être comblés
en vertu d'ordonnance du préfet du département, sur la
demande de la police locale (décret du 7 mars 1808
*portant fixation du rayon des servitudes aux abords des
cimetières*).

Article 1. Les dispositions des titres 1 et 2 du décret
du 23 prairial an XII, qui prescrivent la translation des
cimetières hors des villes et des bourgs, pourront être
appliquées aux communes du royaume. — Article 2.
La translation du cimetière, lorsqu'elle deviendra nécessaire, sera ordonnée par un arrêté du préfet, le Conseil
municipal de la commune entendu. Le préfet déterminera
également le nouvel emplacement du cimetière, sur
l'avis du Conseil municipal, et après enquête *de commodo
et incommodo* (ordonnance du 6 décembre 1843 relative
aux cimetières).

L'administration municipale est chargé d'assurer
l'exécution des précédentes prescriptions comme

de toutes celles qui regardent la police des cimetières. Spécialement le maire nomme et révoque les gardiens et fossoyeurs, lesquels reçoivent un traitement fixé par le Conseil municipal (C. d'Et., avis des 8 mai et 7 septembre 1825) ; il donne des ordres pour l'ouverture des fosses et leur emplacement ; il autorise l'inhumation d'un corps qui doit être réinhumé dans une autre partie du cimetière ou même dans une autre partie du territoire de la commune (1) ; il veille à ce qu'il ne se commette aucun désordre, verbalise et provoque les poursuites (décis. minist., 1857) ; il approuve ou interdit les inscriptions qu'on voudrait graver sur les pierres sépulcrales ; veille à ce qu'il y ait une partie distincte et séparée (C. d'Et., 13 mars 1872) dans le cimetière pour les sectateurs d'un culte dissident (2),

(1) Il a été jugé que le juge de paix est compétent pour fixer le salaire dû au fossoyeur, en l'absence d'un tarif municipal des exhumations (C. cass., 21 mars 1876).

(2) La différence de religion seule fonde cette mesure que la loi de prairial n'étend pas aux personnes non baptisées, aux suicidés, duellistes et autres, morts volontairement sans le secours des sacrements et auxquels l'Eglise refuse les honneurs de la sépulture religieuse. Mais la pratique, s'inspirant des convenances et des lois de l'Eglise, supplée le plus souvent à cette lacune de la loi civile (Cons. d'Et. 11 juin 1875). La Chambre des députés (séance du 7 mars 1881) a adopté un projet de loi ayant pour objet l'abrogation de l'article 16 du décret du 23 prairial an XII, prescrivant partout obligation de cimetières distincts pour chaque culte. C'est violer à la fois la liberté de conscience, la liberté des cultes et le Concordat. Comme l'a fait remarquer Mgr Freppel, la promiscuité des sépul-

il ordonne l'ensevelissement et peut dans certains
cas ordonner l'inhumation immédiate (C. cass., 19
juin 1816) de tout inconnu trouvé mort sur le
territoire de la commune, fait supprimer tout pas-
sage à travers le cimetière ; il empêche en un mot
qu'il ne s'y commette rien contre la décence, le
respect dû aux morts et la salubrité. Toutefois son
pouvoir ne s'étend pas à l'entretien et à la conservation des sépultures particulières : ce soin
regarde les familles (décis. minist. précitée). Il ne
pourrait pas empêcher les particuliers de placer
un signe religieux, une croix ou une pierre sépulcrale sur la tombe de leurs parents ou de leurs amis
et de l'y conserver pendant cinq ans (1). Mais
sa permission est nécessaire quand il s'agit d'élever
un monument commémoratif (c'est le seul qui soit
autorisé), dans l'enceinte d'un hôpital ou autre lieu
charitable et en l'honneur de son fondateur. — Les
clefs des cimetières sont entre les mains des autorités
municipales, et la jurisprudence du Ministre de l'intérieur refuse aux curés le droit d'en exiger une.
Il a été jugé que le maire qui refuse de délivrer un

tures, la neutralité des cimetières est contraire aux doc-
trines de l'Eglise qui, en les bénissant, en fait des lieux
sacrés, véritables prolongements de l'église paroissiale. Le
Sénat (séances des 28 et 29 juillet 1881) a consacré le vote
de la Chambre, mais il lui reste à voter sur l'ensemble du
projet.

(1) Ce délai, indiqué par la décision ministérielle de 1860,
résulte de la combinaison des articles 12 et 6 du décret de
prairial an XII.

permis d'inhumation et de remettre les clefs du cimetière agit comme un fonctionnaire administratif. Par suite, la demande en dommages-intérêts formée contre lui à raison de ce refus est de la compétence de la juridiction administrative et non des tribunaux ordinaires (Paris, 18 juillet 1879).

Article 12. Il n'est point dérogé par les articles précédents aux droits qu'a chaque particulier, sans besoin d'autorisation, de faire placer sur la tombe de son parent ou de son ami une pierre sépulcrale ou autre signe indicatif de sépulture, ainsi qu'il a été pratiqué jusqu'à présent. — Article 13. Les maires pourront également, sur l'avis des administrateurs des hôpitaux, permettre que l'on construise, dans l'enceinte de ces hôpitaux, des monuments pour les fondateurs et bienfaiteurs de ces établissements, lorsqu'ils en auront déposé le désir, dans leurs actes de donation, de fondation ou de dernière volonté. — Article 16. Dans les communes où l'on professe plusieurs cultes, chaque culte doit avoir un lieu d'inhumation particulier ; et dans le cas où il n'y aurait qu'un seul cimetière, on le partagera par des murs, haies ou fossés, en autant de parties qu'il y a de cultes différents, avec une entrée particulière pour chacun, et en proportionnant cet espace au nombre d'habitants de chaque culte (1). — Article 17. Les autorités locales sont spécialement chargées de maintenir l'exécution des lois et règlements qui prohibent les exhumations non autorisées, et qu'il ne se commette dans les lieux de sépulture aucun désordre, ou qu'on ne s'y permette aucun acte contraire au respect dû à la mémoire des morts (décret du 23 prairial an XII). — Article 6. Aucune inscription ne pourra

(1) Cet article peut dès maintenant être considéré comme abrogé.

être placée sur les pierres tumulaires ou monuments funèbres sans avoir été préalablement soumise à l'approbation du maire (ordonnance du 6 décembre 1843, non applicable aux cimetières de la ville de Paris).

On discute la question de savoir si c'est aux communes ou aux fabriques à supporter la dépense du calvaire qui existe le plus souvent dans les cimetières. Ceux qui mettent cette dépense à la charge des fabriques prétendent que l'obligation imposée aux communes d'assurer le service des inhumations a un caractère simplement civil, et font valoir en ce sens la destination générale et indépendante du culte des cimetières. Dans le sens contraire, on soutient que le calvaire ou la croix, signe apparent du caractère religieux des cimetières, en est aussi le signe obligé, consacré par l'usage, et assimilable, pour la dépense, aux frais d'établissement et d'appropriation du cimetière. D'après ce système, l'administration supérieure, en cas d'opposition de la commune, devrait inscrire d'office cette dépense à son budget, mais, même dans l'autre opinion, elle ne pourrait pas s'opposer à ce qu'une commune (et c'est le cas ordinaire) comprenne le calvaire dans les frais d'établissement du lieu d'inhumation (décis. minist., 1857).

Les règles concernant les inhumations, exhumations et transport des corps sont tracées principalement par les circulaires ministérielles (modifiées toutefois dans la pratique), des 26 messidor an XII, 10 mars 1856, 8 août 1859 et 2 septembre 1863. Mais déjà les rédacteurs du Code civil, pour donner aux familles et à la société toutes les garanties désirables en pareille matière, avaient édicté l'article 78, où il est dit que l'acte de décès doit être dressé par l'officier de l'état civil sur la déclaration de deux témoins, et l'article 77 qui défend « de faire aucune inhumation sans une autorisation, sur papier libre et sans frais, de l'officier de l'état civil, qui ne pourra la délivrer qu'après s'être transporté auprès de la personne décédée, pour s'assurer du décès, et que vingt-quatre heures après le décès, hors les cas prévus par les règlements de police. » Il s'agit ici des épidémies, maladies contagieuses et autres cas d'urgence dont mention doit être faite dans le permis d'inhumer. La sanction de ces dispositions est contenue dans l'article 358 du Code pénal ainsi conçu : « Ceux qui, sans l'autorisation préalable de l'officier public, dans le cas où elle est prescrite, auraient fait inhumer un individu décédé, seront punis de six jours à deux mois d'emprisonnement et d'une amende de 16 francs à 50 francs, sans préjudice de la poursuite des crimes dont les auteurs de ce délit pourraient être prévenus dans cette circonstance. La même peine aura lieu contre ceux qui auront contrevenu, de quelque manière que ce soit, à la loi et aux règlements relatifs aux inhumations précipitées. » Toutefois, d'après la Cour de cassation (arrêt du 27 janvier 1832), cette pénalité ne frappe que les personnes intéressées à l'inhumation, comme les héritiers et successeurs, et ne concerne pas le ministre du culte (1), qui, en procédant à une inhumation non autorisée, ne commettrait qu'une contravention à la police des sépultures (C. cass , 20 octobre 1850). Un décret du 4 thermidor an XIII fait défense aux curés et desservants « d'aller lever aucun corps ou de l'accompagner hors des églises qu'il ne leur apparaisse de l'autorisation donnée par l'officier de l'état civil. »

Le maire a la mission d'autoriser et de surveiller soit par lui-même, soit par un agent rétribué par la commune, le transport des morts dans les limites de sa compétence territoriale; mais il ne lui appartient pas d'imposer aux familles l'obligation de rédiger leurs demandes sur papier timbré, ni celle de payer au commissaire de police une vacation quelconque (C. cass., 16 janvier 1868). Quand il s'agit de transporter un mort d'une commune dans une autre commune d'un même arrondissement, l'autorisation émane du sous-préfet, qui peut, de plus, en cas d'urgence, autoriser le transport dans l'arrondissement voisin, à la condition d'en rendre compte au préfet et d'avertir son collègue. A part ce cas d'urgence, le transport des corps d'un arrondissement dans un autre du même département ou de l'étranger au département limitrophe, doit être, à moins d'épidémie, autorisé par le préfet, et c'est au Ministre de l'intérieur à donner l'autorisation

(1) Ni le fossoyeur et autres qui procèdent à l'inhumation (C. cass., 7 mai 1842).

quand il y a plus d'un département à traverser,
sauf encore le cas d'urgence qui étendrait le droit
du préfet.

Les demandes d'autorisation doivent indiquer les
nom, prénoms, âge de la personne décédée, la
date du décès, le lieu de l'inhumation, et justifier
de l'accomplissement des formalités relatives à la
confection du cercueil. Distinguant, en effet, si le
trajet à parcourir excède ou non deux cents kilomètres et s'il s'effectue dans un même département,
l'administration exige, dans un cas, qu'il soit fait
usage d'un cercueil en bois de chêne dont les cloi-
sons aient quatre centimètres d'épaisseur, et soient
fixées par des vis et des frettes en fer; dans l'autre
cas, et quand il sera nécessaire, que le cercueil soit
fait de plomb et renfermé dans une bière en chêne.
Ce cercueil en plomb doit être confectionné avec des
feuilles de plomb laminé de deux millimètres d'é-
paisseur et soudées ensemble. L'administration veut
encore que dans les deux cas le fond du cercueil soit
recouvert d'une couche de six centimètres d'un
mélange pulvérulent composé d'une partie de
poudre de tan et de deux parties charbon de bois, et
qu'on recouvre le corps de cette poudre avant la
fermeture du cercueil. L'accomplissement de ces
formalités est certifié par l'officier public chargé de
dresser procès-verbal de l'état du corps à ce moment et auquel les parents ont communiqué leur
intention de le transporter, lors de la déclaration
du décès. Enfin le corps étant arrivé à destination,

ceux qui l'accompagnent sont tenus de présenter à l'officier de l'état civil du lieu d'inhumation une expédition authentique de l'acte de décès et l'autorisation du transport. — Les recours contre les décisions des autorités municipales et des préfets sur les inhumations sont formés devant le Ministre de l'intérieur (C. d'Et., avis du 10 août 1841).

L'article 360 du Code pénal punit d'un emprisonnement de trois mois à un an et de 16 fr. à 200 fr. d'amende, quiconque se rend coupable de violation de tombeaux ou de sépultures, sans préjudice des peines contre les crimes ou délits qui se seraient joints à celui-ci. De nombreuses décisions judiciaires répondent à la question de savoir quand il y a violation de sépulture. Je citerai un arrêt de la Cour de Caen, d'après lequel arracher avec malveillance des fleurs semées sur une tombe constitue le délit prévu par l'article 360 (25 novembre 1868); un arrêt de la Cour de Rennes qui a reconnu un délit de violation de sépulture et non pas seulement un simple outrage aux objets du culte dans l'acte de verser du vin et de jeter du pain sur un cercueil en prononçant des paroles blasphématoires (16 janvier 1878); enfin deux arrêts de la Cour de cassation d'après lesquels l'exhumation non autorisée ou pratiquée contrairement aux conditions de l'autorisation peut constituer un délit de violation de sépulture (10 avril 1845 et 4 décembre 1847).

Aux dispositions précédentes s'ajoute, en dernier lieu, la loi du 7 avril 1873, relative à la conservation des tombes des soldats morts pendant la dernière guerre.

Article 1. Les terrains dépendant des cimetières communaux qui servent actuellement à l'inhumation des soldats français ou allemands morts pendant la dernière guerre, et les terrains qui seraient ultérieurement acquis dans le même but, seront, sur la demande du préfet, cédés à l'Etat au prix du tarif en vigueur pour les concessions perpétuelles. Dans les communes où il n'existe pas de tarif approuvé, le prix de la concession sera fixé par le préfet en conseil de préfecture, après avoir pris l'avis du Conseil municipal. — Article 2. L'Etat est autorisé à acquérir par voie d'expropriation, pour cause d'utilité publique, les terrains non clos, situés en dehors des cimetières, dans lesquels se trouvent une ou plusieurs tombes militaires, et les terrains nécessaires pour les exhumations et les chemins d'accès; ces acquisitions sont déclarées d'utilité publique. Les terrains à acquérir, et les terrains occupés temporairement jusqu'aux exhumations, qui ne pourront avoir lieu qu'après un délai de cinq années, seront désignés après enquête par des arrêtés du préfet, approuvés par le Ministre de l'intérieur. Ces arrêtés décideront dans quelle mesure les terrains environnants seront soumis aux servitudes établies par les décrets du 13 prairial an XII et du 7 mars 1808. — Article 3. Sur la production de l'arrêté rendu par le préfet et approuvé par le Ministre, l'expropriation sera prononcée et suivie conformément aux dispositions de la loi du 3 mai 1841. — Article 4. Les indemnités dues pour l'expropriation des terrains d'inhumation, pour l'occupation temporaire de terrains jusqu'à l'exhumation, et pour les servitudes dont pourront être frappés les terrains environnants, seront réglées par le jury, conformément aux dispositions de la loi du 21 mai 1836. —

Article 5. Les dispositions de l'article 58 de la loi de 1841 sont applicables à la présente loi. — Article 6. Les lois et règlements relatifs à la police et à la conservation des cimetières sont applicables à tous les terrains affectés à des tombes militaires. — Article 7. Les dépenses nécessitées par l'application de la présente loi seront prélevées sur les crédits mis à la disposition du Ministère de l'intérieur pour les dépenses de guerre non classées.

APPENDICE

J'indique ici les principales erreurs relatives à la société civile considérée dans ses rapports avec l'Eglise et telles qu'elles sont signalées dans les allocutions consistoriales, encycliques et autres lettres apostoliques du pape Pie IX. Le lecteur sera curieux de revoir cette partie du *Syllabus* à la suite d'un exposé de notre législation civile. Il y trouvera la condamnation de plus d'un article de loi dont je n'ai fait que signaler les vices ou les tendances anticatholiques.

Voici ces principales erreurs :

L'Eglise n'est point une vraie et parfaite société pleinement libre ; elle n'a point de droits propres et constants qui lui aient été conférés par son Fondateur ; mais c'est à la puissance civile de définir quels sont les droits de l'Eglise et dans quelles limites elle peut les exercer. (Alloc. *Singulari quidam*, 9 décembre 1854. Alloc. *Multis gravibusque*, 17 décembre 1860. Alloc. *Maxima quidem*, 9 juin 1862.)

La puissance ecclésiastique ne doit pas exercer son autorité sans la permission ni l'assentiment du gouvernement civil. (Alloc. *Meminit unusquisque*, 30 septembre 1861.)

L'Eglise n'a pas le pouvoir de définir dogmatiquement que la religion professée par l'Eglise catholique est la seule vraie religion. (Lettre apost. *Multiplices inter*, 10 juin 1854.)

L'obligation à laquelle sont astreints les professeurs et les écrivains catholiques se borne aux choses proposées à la croyance commune à titre de dogmes de foi, par le jugement infaillible de l'Eglise. (Lettre à l'archevêque de Freisingen, *Tuas libenter*, 21 décembre 1863.)

Les Pontifes romains et les conciles œcuméniques ont dépassé les limites de leur pouvoir, ont usurpé les droits des princes et ont erré dans leurs définitions, même en matière de foi et de mœurs. (Lettre apost. *Multiplices inter*, 10 juin 1851.)

L'Eglise n'a pas le droit d'employer la force et ne possède aucun pouvoir temporel direct ou indirect. (Lettre apost. *Ad apostolica*, 22 août 1851.)

Outre le pouvoir inhérent à l'épiscopat, il lui en est attribué un autre qui est temporel, et qui lui ayant été concédé, soit d'une manière expresse, soit tacitement par le gouvernement civil, est révocable pour cette raison, à la volonté même de ces gouvernements. (Lettre apost. *Ad apostolicæ*, 22 août 1851.)

L'Eglise n'a pas le droit naturel et légitime d'acquérir et de posséder. (Alloc. *Nunquam fore*, 15 décembre 1856. Encycl. *Incredibili*, 17 septembre 1863.)

Les ministres de la sainte Eglise et le Pontife romain doivent être absolument exclus de toute administration et de tout domaine en ce qui regarde le temporel. (Alloc. *Maxima quidem*, 9 juin 1862.)

Les évêques n'ont pas le droit de promulguer même des Lettres apostoliques sans la permission du gouvernement. (Alloc. *Nunquam fore*, 15 décembre 1856.)

Les grâces accordées par le Pontife romain doivent être regardées comme nulles, si elles n'ont été demandées par l'entremise du gouvernement. (Alloc. *Nunquam fore*, 15 déc. 1856.)

L'immunité de l'Eglise et des personnes ecclésiastiques tire son origine du droit civil. (Lettre apost. *Multiplices inter*, 10 juin 1851.)

Le for ecclésiastique pour les causes temporelles des clercs, soit au civil, soit au criminel, doit complètement être supprimé, fût-ce même sans l'avis et contre les réclamations du Siège apostolique. (Alloc. *Acerbissimum*, 27 septembre 1852. Alloc. *Nunquam fore*, 15 décembre 1856.)

Sans violer aucunement la loi naturelle, non plus que l'équité, on peut abroger l'immunité personnelle qui exempte les clercs de l'obligation éventuelle du service militaire. Le progrès civil demande cette abrogation, surtout dans une société formée d'après les principes d'un gouvernement libéral. (Lettre à l'évêque de Montréal : *Singularis nobis*, 29 septembre 1864.)

Il n'appartient pas uniquement à la juridiction ecclésiastique de diriger, en vertu d'un droit qui lui soit propre et inhérent à son essence, l'enseignement de la théologie. (Lettre à l'arch. de Freisingen, *Tuas libenter*, 21 décembre 1863.)

La doctrine de ceux qui comparent le Souverain-Pontife à un prince exerçant librement son action dans toute l'Eglise, est une doctrine qui a prévalu au moyen âge. (Lettre apost. *Ad apostolicæ*, 22 août 1851.)

Rien n'empêche qu'en vertu d'un décret de quelque concile général, ou par le fait de tous les peuples, le Souverain-Pontificat ne soit transféré de l'évêque de Rome aussi bien que de cette ville même à un autre évêque ou à une autre ville. (Lettre apost. *Ad apostolicæ*, 22 août 1851.)

La définition d'un concile national n'admet pas de discussion ultérieure, et le gouvernement civil peut réduire la chose à ces termes. (Lettre apost. *Ad apostolicæ*, 22 août 1851.)

On peut établir des églises nationales qui soient affranchies de l'autorité du Pontife romain et absolument séparées de lui. (Alloc. *Multis gravibus-que*, 17 décembre 1860. Alloc. *Jamdudum cernimus*, 18 mars 1861.)

Trop d'actes arbitraires des Pontifes romains ont poussé l'Eglise à se diviser en Orientale et en Occidentale. (Lettre apost. *Ad apostolicæ*, 22 août 1851.)

L'Etat, comme étant la source et l'origine de tous les droits, jouit d'un droit qui n'admet point de limites. (Alloc. *Maxima quidem*, 9 juin 1862.)

La doctrine de l'Eglise catholique est contraire au bien et aux intérêts de la société humaine. (Encycl. *Qui pluribus*, avril 1849.)

La puissance civile, lors même qu'elle est exercée par un souverain infidèle, possède un pouvoir indirect, quoique négatif sur les choses sacrées. Elle a, par conséquent, non seulement le droit d'*exequatur*, mais encore celui qu'on désigne sous le nom d'appel comme d'abus. (Lettre apost. *Ad apostolicæ*, 22 août 1851.)

En cas d'opposition entre les lois des deux puissances, c'est le droit civil qui l'emporte. (Lettre apost. *Ad apostolicæ*, 22 août 1851.)

La puissance civile a le droit de casser, de déclarer nulles et d'annuler effectivement les conventions solennelles, dites concordats, conclues avec le siège apostolique, pour tout ce qui concerne l'immunité ecclésiastique, sans le consentement de ce siège et malgré ses réclamations. (Alloc. *In consistoriali*, 1er novembre 1850. Alloc. *Multis gravibusque*, 17 décembre 1860.)

L'autorité civile peut s'immiscer dans les choses qui regardent la religion, les mœurs et le régime spirituel.

De là il suit qu'elle peut soumettre à son jugement les instructions que les pasteurs de l'Eglise publient en vertu de leur charge, pour la direction des consciences ; elle peut même porter les décisions en ce qui concerne l'administration des sacrements et les dispositions requises pour les recevoir. (Alloc. *In consistoriali*, 1er novembre 1850. Alloc. *Maxima quidem*, 9 juin 1862.)

La direction des écoles publiques où va se former la jeunesse d'un peuple chrétien, excepté seulement sous quelque rapport celle des séminaires épiscopaux, peut et doit être attribuée tout entière à l'autorité civile, et cela de telle manière qu'on ne reconnaisse à aucune autre autorité le droit de s'immiscer dans la discipline des écoles, dans le régime des études, dans la collation des grades et dans le choix en l'approbation des maîtres. (Alloc. *In consistoriali*, novembre 1850. Alloc. *Quibus luctuosissimis*, 5 septembre 1851.)

Bien plus, dans les séminaires mêmes des clercs, la méthode à suivre pour les études est soumise à l'autorité civile. (Alloc. *Nunquam fore*, 15 décembre 1856.)

La bonne constitution de la société civile demande que les écoles populaires ouvertes aux enfants de toute classe du peuple, et généralement les établissements publics destinés à l'enseignement des lettres et des sciences, et à une éducation plus relevée de la jeunesse, soient entièrement affranchis de l'autorité de l'Eglise, de toute influence modératrice et de toute ingérence de sa part, et qu'ils soient pleinement soumis aux volontés du pouvoir civil et politique suivant les désirs des gouvernants et le courant des opinions générales de l'époque. (Lettre à l'arch. de Fribourg, *Quam non sine*, 14 iuin 1864.)

Les catholiques peuvent approuver un système d'éducation conçu en dehors de la loi catholique et de l'autorité de l'Eglise, et qui n'ait pour but, ou du moins pour but principal, que la science des choses purement naturelles, et les avantages terrestres de la vie sociale. (Lettre à l'arch. de Fribourg, *Quam non sine*, 14 juillet 1864).

L'autorité civile peut empêcher les évêques et les fidèles de communiquer librement entre eux et avec le Pontife romain. (Alloc. *Maxima quidem*, 9 juin 1862.)

L'autorité laïque a par elle-même le droit de présenter les évêques, et elle peut exiger d'eux qu'ils prennent en mains l'administration des diocèses avant d'avoir reçu du Saint-Siège l'institution canonique et les lettres apostoliques. (Alloc. *Nunquam fore*, du 15 décembre 1856.)

Bien plus, le gouvernement laïque a le droit de déposer les évêques de leur charge pastorale, et il n'est pas tenu d'obéir au Pontife romain en ce qui concerne l'érection des évêchés et l'institution des évêques. (Lettre apost. *Multiplices inter*, 10 juin 1851. Alloc. *Acerbissimum*, 27 septembre 1852.)

Le gouvernement peut, de son propre droit, changer l'âge prescrit pour la profession religieuse, tant des femmes que des hommes, et enjoindre aux communautés religieuses de n'admettre personne aux vœux solennels sans son autorisation. (Alloc. *Nunquam fore*, 15 décembre 1856.)

On doit abroger les lois qui protègent l'existence des familles religieuses, leurs droits et leurs fonctions; bien plus, la puissance civile peut donner son appui à tous ceux qui voudraient quitter l'état religieux qu'ils avaient embrassé et enfreindre leurs vœux solennels; de même elle peut supprimer complètement ces mêmes communautés religieuses, aussi bien que les églises collégiales et les bénéfices simples, même de droit de patronage, attribuer et soumettre leurs biens et revenus à l'administration et à la volonté de l'autorité civile. (Alloc. *Acerbissimum*, 27 septembre 1852. Alloc. *Probe memineritis*, 22 janvier 1855. Alloc. *Cum sœpe*, 26 juillet 1854.)

Les rois et les princes, non seulement sont exempts de la juridiction de l'Eglise, mais même ils sont supérieurs à l'Eglise quand il s'agit de trancher les questions de juridiction. (Lettre apost. *Multiplices inter*, 10 juin 1851.)

L'Eglise doit être séparée de l'Etat, et l'Etat séparé de l'Eglise. (Alloc. *Acerbissimum*, 27 septembre 1852.)

Les lois de la morale n'ont pas besoin de la sanction divine, et il n'est pas du tout nécessaire

que les lois humaines se conforment au droit naturel ou reçoivent de Dieu le pouvoir d'obliger.
(Alloc. *Maxima quidem*, 9 juin 1862.)

La science des choses philosophiques et morales,
de même que les lois civiles, peuvent et doivent
être soustraites à l'autorité divine et ecclésiastique.
(Alloc. *Maxima quidem*, 9 juin 1862.)

Il ne faut reconnaître d'autres forces que celles
qui résident dans la matière, et tout système de
morale, toute honnêteté doit consister à accumuler
et à augmenter ses richesses de toute manière et à
se livrer aux plaisirs. (Alloc. *Maxima quidem*,
9 juin 1862. Epistol. encycl. *Quanto conficia-
mur*, 10 août 1863.)

Le droit consiste dans le fait matériel ; tous les
devoirs des hommes sont un mot vide de sens, et
tous les faits humains ont force de droit. (Alloc.
Maxima quidem, 9 juin 1862.)

L'autorité n'est autre chose que la somme du
nombre et des forces matérielles. (Alloc. *Maxima
quidem*, 9 juin 1862.)

Une injustice de fait couronnée de succès ne pré-
judicie nullement à la sainteté du droit. (Alloc.
Jamdudum cernimus, 18 mars 1861.)

On doit proclamer et observer le principe de non-
intervention. (Alloc. *Navos et ante*, 28 septembre 1860.)

Il est permis de refuser l'obéissance aux princes
légitimes et même de se révolter contre eux.
(Lettre encycl. *Qui pluribus*, 9 novembre 1846.

Lettre apost. *Cum catholica*, 26 mars 1860.)

La violation d'un serment, quelque saint qu'il soit, et toute action criminelle et honteuse opposée à la loi éternelle, non seulement ne doit pas être blâmée, mais elle est tout à fait licite et digne des plus grands éloges quand elle est inspirée par amour de la patrie. (*Quibus quantisque*, 20 avril 1849.)

On ne peut établir par aucune raison que le Christ a élevé le mariage à la dignité de sacrement. (Lettre apost. *Ad apostolicæ*, 22 août 1851.)

Le sacrement de Mariage n'est qu'un accessoire du contrat et qui peut en être séparé ; et le sacrement lui-même ne consiste que dans la seule bénédiction nuptiale. (Lettres apost., *eadem.*)

De droit naturel, le lien du mariage n'est pas indissoluble, et dans différents cas le divorce proprement dit peut être sanctionné par l'autorité civile. (*Eadem.* Alloc. *Acerbissimum*, 27 septembre 1852.)

L'Eglise n'a pas le pouvoir d'apporter des empêchements dirimants au mariage ; mais ce pouvoir appartient à l'autorité séculière, par laquelle les empêchements existants peuvent être levés. (Lettre apost. *Multiplices inter*, 10 juin 1851.)

L'Eglise, dans le cours des siècles, a commencé à introduire les empêchements dirimants, non par son droit propre, mais en usant du droit qu'elle avait emprunté au pouvoir civil. (Lettre apost. *Ad apostolica*, 22 août 1851.)

Les canons du concile de Trente qui prononcent

l'anathème contre ceux qui osent nier le pouvoir qu'a l'Eglise d'apposer des empêchements diri-mants ne sont pas dogmatiques ou doivent s'en-tendre de ce pouvoir emprunté. (*Eadem.*)

La forme prescrite par le concile de Trente n'oblige pas sous peine de nullité, quand la loi civile établit une autre forme à suivre et veut qu'au moyen de cette forme le mariage soit valide. (*Eadem.*)

Boniface VIII a le premier déclaré que le vœu de chasteté prononcé dans l'ordination rend le mariage nul. (*Eadem.*)

Par la force du contrat purement civil, un vrai mariage peut exister entre chrétiens, et il est faux, ou que le contrat de mariage entre chrétiens soit toujours un sacrement, ou que ce contrat soit nul en dehors du sacrement. (*Eadem.* Alloc. *Acerbis-simum.* Alloc. *Multis gravibusque*, déjà cités.)

Les causes matrimoniales et les fiançailles, par leur nature propre, appartiennent à la juridiction civile. (*Ad apostolicæ. Acerbissimum.*)

L'abolition du célibat ecclésiastique et la préfé-rence due à l'état de mariage sur l'état de virginité. (Lettre encyclique *Qui pluribus*, 9 novembre 1846. Lettre apostolique *Multiplices inter*, 10 juin 1851.)

Les fils de l'Eglise chrétienne et catholique dis-putent entre eux sur la compatibilité de la royauté temporelle avec le pouvoir spirituel. (*Ad aposto-licæ.*)

L'abrogation de la souveraineté civile dont le

Saint-Siège est en possession, servirait, même beaucoup, à la liberté et au bonheur de l'Eglise. (Alloc. *Quibus quantisque*, 20 avril 1849.)

A notre époque, il n'est plus utile que la religion catholique soit considérée comme l'unique religion de l'Etat à l'exclusion de tous les autres cultes. (Alloc. *Nemo vestrum*, 26 juillet 1855.)

Aussi, c'est avec raison que, dans quelques pays catholiques, la loi a pourvu à ce que les étrangers qui s'y rendent y jouissent de l'exercice public de leurs cultes particuliers. (Alloc. *Acerbissimum*, 27 septembre 1852.)

Il est faux que la liberté civile de tous les cultes, et que le plein pouvoir laissé à tous de manifester ouvertement et publiquement toutes leurs pensées et toutes leurs opinions jettent plus facilement les peuples dans la corruption des mœurs et de l'esprit, et propagent le fléau de l'indifférentisme. (Alloc. *Nunquam fore*, 15 décembre 1856.)

Le Pontife romain peut et doit se réconcilier et transiger avec le progrès, le libéralisme et la civilisation moderne. (Alloc. *Jamdudum cernimus*, 18 mars 1861.) (1)

---

(1) Pour la réfutation de ces erreurs, voir le *Syllabus* pontifical de Léonard Falconi, traduit par E. Materne.

FIN

TABLE ALPHABÉTIQUE

DES MATIÈRES

FIN DE LA TABLE ALPHABÉTIQUE

TABLE DES CHAPITRES

FIN DE LA TABLE DES CHAPITRES

— Lille. Typ. J. Lefort. 1881 —